IST DAS KIRCHE

ODER

KANN DAS WEG?

JONAS GOEBEL

IST DAS KIRCHE
ODER
KANN DAS WEG?

Bibliografische Information der Deutschen Nationalbibliothek:
Die Deutsche Nationalbibliothek verzeichnet diese Publikation in der Deutschen
Nationalbibliografie; detaillierte bibliografische Daten sind im Internet über http://dnb.dnb.de
abrufbar.

Bibelverse sind, wenn nicht anders angegeben, folgender Ausgabe entnommen:
BasisBibel. Das Neue Testament.
© 2010 Deutsche Bibelgesellschaft, Stuttgart

Meinungen und Diskussionen sind erwünscht auf
juhopma.de
Bei Fragen oder Anmerkungen
info@juhopma.de

Umschlaggestaltung und Mitarbeit: Trixi Jajtic

Herstellung und Verlag: BoD – Books on Demand, Norderstedt
ISBN: 978-3-7481-9045-5

EINE KURVE.

INHALT

VORWEG

19. Januar 2019 - juhopma

Was noch zu sagen wäre. Bevor es los geht. Und weil ich einfach noch kein Buch ohne Vorwort gelesen habe. Eigentlich wäre das ja mal eine Idee. Aber nicht heute. Nächstes Mal dann.

Hallo.

Mein Name ist Jonas, ich bin Pastor in der evangelisch-lutherischen Kirche in Norddeutschland. Während meiner Ausbildung zum Pastor (meinem Vikariat) habe ich Blog-Beiträge geschrieben. Die – aus meiner Sicht – 29 besten davon erwarten dich in diesem Buch.

Ich freue mich, dass du meine Zeilen und Worte lesen möchtest. Was dich hier erwartet? Persönliche Beiträge. Zwischen Aufbruch und Verzweiflung. Alle spontan und im Affekt geschrieben. Die Beiträge sind in diesem Buch chronologisch geordnet und nicht inhaltlich angepasst worden. Ich habe nur den einen oder anderen Rechtschreibfehler korrigiert.

Du wirst merken: Ich reibe mich. An dieser Kirche. Meiner Ausbildung. Meinem Job. Aber ich reibe mich aus Liebe und Leidenschaft. Okay, und dieser Satz ist irgendwie doppeldeutig. Egal, haha. Was ich meine: Ich bin Feuer und Flamme für „die Sache". Und damit meine ich den Gott der Bibel. Und gerade deshalb hatte und habe ich viel zu schreiben.

Warum ich schreibe? Oder warum ich dieses Buch veröffentliche? Weil ich den Austausch suche. Auch mit dir. Ich möchte wissen, was du über meine Ideen und Meinungen denkst. Ich wünsche mir Kritik und Weiterführung.

Wenn du dieses Buch liest, hast du vermutlich meinen Blog nicht gelesen. Vielleicht liest du einfach lieber offline. Mit Papier in den Händen. Oder auf einem E-Book-Reader. Und auch wenn ein Buch und E-Book keine Kommentar-Funktion haben – ich freue mich trotzdem sehr über deine Kommentare. Auf juhopma.de öffentlich oder per E-Mail privat an mich.

Die meisten meiner Ideen und Anregungen fasse ich unter dem Begriff *einfachkirche* zusammen. Dir wird dieser Begriff immer wieder auf den folgenden Seiten begegnen. Der letzte Beitrag in diesem Buch ist eine Art Zusammenfassung aller Ideen, die ich unter *einfachkirche* bislang gesammelt habe.

Aber nun: genug meiner langweiligen Vorworte. Blätter schnell weiter und leg los! :)

DIESE KIRCHE IST BESCHÄMEND!

27. November 2016 - juhopma

Von der Wut, dem Unverständnis und einem tief beschämenden Gefühl zu dieser Kirche zu gehören. Von einem 1. Advent, der mich nachdenklich stimmt. Und von der überraschenden Folge, dass mich all das bestärkt Pastor werden zu wollen.

Ich habe viele Jahre für das Hamburger Straßenmagazin Hinz&Kunzt gearbeitet, dort Obdachlose oder von Obdachlosigkeit bedrohte Menschen kennengelernt. Vor einiger Zeit habe ich angefangen dort ab und zu Frühstücksandachten anzubieten. Sonntagmorgen. 11 Uhr. Rührei, Brötchen, Käse, Orangensaft. Sowas eben. Und am Anfang gibt es eine kurze Andacht, ein schnelles Gebet. Auch heute, am 1. Advent.

Papst Franziskus hat vor kurzem Obdachlose nach Rom eingeladen. Es waren auch einige Hinz&Künztler dabei, die heute begeistert erzählt haben. Ein Gespräch geht mir nicht mehr aus dem Kopf. In dem Gespräch ging es um den ersten Abend in Rom. Der Mensch, der mir von diesem Abend erzählte, schüttelte ungläubig den Kopf, während er sprach.

„Jonas, es hat mich einfach berührt. Ich habe kein Wort von dem verstanden, was der Papst erzählt hat. Kein Wort. Aber ich habe geheult vor Berührung."

Ich habe ihm weiter zugehört und er schüttelte noch einmal den Kopf, sah mich an und erzählte, dass er damals in einem christlichen Waisenheim missbraucht wurde. Und er sich nicht vorstellen konnte, jemals wieder etwas Positives mit dieser Kirche zu verbinden. (Okay, und danach erzählte er, dass er sich gefragt hat, wie vielen Obdachlosen man wohl mit dem ganzen Gold aus dem Vatikan helfen könnte).

Lass mich sagen, dass es Zufall war. Vielleicht auch nicht. Whatever. Aber ich habe heute Abend „Spotlight" gesehen.

Ein Film über die journalistische Aufdeckung von Missbrauchsfällen in der katholischen Kirche in Boston, USA. Und weißt du was?

Ich habe mich geschämt. Ich war wütend. Fassungslos. Traurig.

Natürlich, das alles war nicht neu. Das alles war nicht überraschend. Aber es ist der erste Advent. Und ich wollte heute meinen ersten Beitrag über meine Idee der *einfachkirche* schreiben. Ich habe mir viele Ideen gemacht. Aber im Laufe des Tages ist mir klar geworden, womit ich wirklich beginnen möchte.

Mit Wut. Mit Traurigkeit. Mit diesem tief beschämenden Gefühl.

Über das, was Kirche war. Über das, was Kirche noch immer sicherlich ist.

„Wie kannst du diesem Verein noch angehören?"

Das ist eine beliebte Frage an mich. Auch in Gesprächen wie dem heute Morgen. Meine Antwort ist immer gleich. Ich möchte nicht Pastor dieser Kirche werden. Ich möchte kein Verteidiger dieser Kirche sein. Ich möchte Anwalt der *Frohen Botschaft* sein. Ein Pastor für Menschen. Nicht irgendeiner Kirche.

Ich möchte mit Menschen gemeinsam auf dem Weg sein. Vor allem mit Menschen, die vermeintlich fern von Kirche sind.

Die sich nicht vorstellen können, jemals wieder oder überhaupt mit Kirche etwas Positives zu verbinden.

In der Andacht heute Morgen habe ich die Geschichte vom „Verlorenen Sohn" (oder von mir aus auch von den „Verlorenen Söhnen") erzählt. Ich erzähle diese Geschichte deshalb so gerne, weil mir die Bewegung des Vaters gefällt. Der Vater ist immer auf dem Weg nach draußen, um seine Söhne nach drinnen zu holen. Er rennt seinem ersten Sohn entgegen, nachdem der all sein Geld verprasst hat. Und er geht seinem anderen Sohn entgegen, als der nicht versteht, warum die dicke Willkommensparty stattfindet.

Es ist für mich die eindrücklichste Beschreibung dessen, wie Gott ist. Unterwegs. Nach draußen. Immer auf dem Weg nach draußen.

Es ist nur ein sehr brüchiger Gedanke. Mein Gedanke des Tages. Aber ich glaube, dass Kirche gefährlich wird, wenn sie nicht mehr unterwegs nach draußen ist. Wenn sie sich nach innen verstärkt, anstatt nach außen zu öffnen. Wenn die Strukturen innerhalb der Kirche so fest werden, dass sie selbst Missbrauchsfälle über Jahrzehnte decken kann.

So sitze ich hier nachdenklich. Am 1. Advent. Und denke über diese Kirche nach, die so etwas zugelassen hat. Und darüber, dass ich gerade dabei bin, Teil dieser Kirche zu werden.

Wie kann ich nur diesem Verein angehören wollen?

Weil ich am 1. Advent auch hier sitze und über den Gott nachdenke, der immer am hinauslaufen ist. Der immer unterwegs ist nach draußen. Und für diesen möchte ich Pastor werden. Ich möchte mit ihm hinauslaufen. Unterwegs sein.

Und in all meiner Beschämung über diese Kirche mischt sich Freude und Dankbarkeit. Dass es für Gott anscheinend trotz seiner in so vielen Teilen missratenen Kirche möglich ist, Menschen noch zu berühren. Selbst Menschen, die in kirchlicher Obhut missbraucht wurden und sich bis vor kurzem nicht vorstellen konnten, mit Kirche mal etwas Positives zu verbinden.

Wegen dieses Gottes möchte ich Pastor werden. Wegen solcher Menschen. Aber nicht wegen und erst recht nicht für irgendeine Kirche.

DIE TOTE KIRCHE
DES LEBENDIGEN GOTTES?

29. November 2016 - juhopma

Wer sich gegen neue Formen von Kirche stemmt, der stemmt sich gegen das gesunde Fortbestehen von Kirche: Warum neue Formen von Kirche kein Aufgeben eines teuren Gutes sind. Sondern das kirchlichste, was Kirche tun kann. / Eine inhaltliche Grundlegung für *einfachkirche*.

Während meiner Examenszeit durfte ich mich in wenigen Wochen quasi einmal durch die gesamte Kirchengeschichte lernen. Das hat wirklich keinen Spaß gemacht, war aber durchaus lehrreich. Eine der Lehren: Kirche wurde und wird immer geprägt von ihrer Umwelt und ihrer Geschichte.

Ob nun Römer, Griechen, Germanen, Nationalismus, Sozialismus... wer einen Ritt durch die Kirchengeschichte macht, der stellt fest: Kirche gibt es in keiner „Reinform". Sie hat je nach Einfluss und Prägung ein anderes Gewand.

Das gilt für die Vergangenheit. Und genauso für die Gegenwart. Kirche wird auch heute noch stark von der Umwelt geprägt. Die Kirche wie wir sie in Deutschland kennen, wurde entscheidend von unserer Geschichte geprägt. Achtung, Überraschung: Kirche war kein Fremdkörper, der unabhängig und berührungsfrei durch Zeit und Raum geflogen ist. Auch wenn ich bei manchen Theologen das Gefühl habe, sie nehmen genau das an.

Ich möchte es noch klarer formulieren: Die Kirche, die wir heute in Deutschland kennen, ist (natürlich) extrem von der Geschichte unseres Landes geprägt. Das ist nicht schlimm, das ist ein Fakt. Kirchen in anderen Teilen der Welt hatten andere Geschichten und sehen deshalb heute anders aus als unsere. Und das meine ich jetzt nicht optisch (wobei das auch zutrifft). Sondern vor allem inhaltlich und auf die Form, die Gestalt, von Kirche bezogen. Je nach Kultur, Land, Umwelt, politischen Geschehnissen etc. wurden verschiedene theologische Entscheidungen getroffen. Auch herrschaftliche und machtpolitische Gefüge haben die Form der Kirche beeinflusst. In Brasilien geht es in Kirchen anders zu als im Kaukasus. Okay, das klingt jetzt platt. Aber du weißt, was ich meine, oder?

Und jetzt kommt es noch dicker: Nicht nur, dass je nach Region, Kultur und Geschichte die Kirche unterschiedlich aussieht. Nein, Kirchen haben sich auch innerhalb einer Region, eines Kulturkreises, fortwährend verändert. Ja, ich weiß, das kommt jetzt noch überraschender. Aber es stimmt wirklich: Im 21. Jahrhundert geht es in den Kirchen unseres Landes anders zu als im 14. Jahrhundert (und nein, ich meinte damit nicht, dass es leerer ist…). Google ruhig mal, seit wann und warum es Kirchenbänke gibt. Wieso es in Kirchen Kanzeln gibt. Um nur zwei kleine Beispiele zu nennen.

Also: Eine meiner Lehren aus der Kirchengeschichte: Kirche hat sich unterschiedlich entwickelt und Kirche hat sich stetig gewandelt. Klingt für dich selbstverständlich und du fragst dich, worauf ich hinauswill?

Es gibt keine heilige Kirchenformen.

Anscheinend waren Hausgemeinden sehr früh sehr angesagt. Später wurden die Gemeinden größer und man musste darauf reagieren. Also hat Kirche sich gewandelt. Am Anfang waren Christen eine Art Untergrundorganisation, sie wurden verfolgt. Wenig später war das Christentum plötzlich

Staatsreligion. Natürlich hatte das extreme Auswirkungen darauf, wie die Kirche aussah. Wie, wann und wo Gottesdienst gefeiert wurde. Wer zur Kirche wie dazugehören konnte.

Schon sehr früh sind Christen in die weite Welt gegangen und haben dort wiederum neue Gemeinden gegründet. Schon früh kam es zu sehr unterschiedlichen Entwicklungen in der Kirche. Ich nenne mich heute „Christ" und es gibt angeblich über 2.000.000.000 weitere von diesen Christen auf der Welt. Ja, und was verbindet uns? Die Form unserer Kirche? Die Gottesdienst-Liturgie? Unsere Musik? Unsere Spiritualität?

Ganz ehrlich: eine Messe bei den Katholiken? Nicht so mein Ding. Teufelsaustreibungen, Ekstase im Gottesdienst und Zungenreden bei Pfingstlern? Puh… wohlfühlen tue ich mich da nicht. Und ich könnte diese Liste sehr lange weiterführen. Ohne scheiß: mit den meisten Formen von „Christentum" kann ich persönlich nichts anfangen. Aber ist das deshalb falsch, was die anderen da so praktizieren? Ist meine Form „richtiger" als ihre?

Ich denke: Ne du, genau das ist die Kirche. Vielfältig. Bunt. Geprägt von Umwelt und Geschichte. Je nach Kultur und Menschentyp sehr verschieden. Aber warum fällt es uns dann so schwer – und ich meine jetzt mit uns die evangelische Kirche in Deutschland, zu der ich gehöre – neue Formen von Kirche zu akzeptieren? Fast überall gilt:

Die Form der Kirche ist unantastbar.

Das hat Jesus übrigens gesagt. Zumindest im Kopf vieler Kirchenleute.

Nein, das hat er nicht gesagt! Überhaupt. Er hat so herzlich wenig über die Form der Kirche gesagt, dass ich mir fast vorstellen könnte: Es war ihm egal. Es war Jesus einfach schnurzpiepegal, wie die Leute das mit der Kirchenform regeln!

Kirchenformen kommen und gehen. Sie haben ihre Zeit und ihre Berechtigung. Aber nicht für alle Zeiten und nicht für die ganze Welt.

Wenn ich über neue Formen von Kirche schreibe – und darum geht es bei der *einfachkirche* – dann ist das weder „neu", noch teuflisch, noch ein Aufgeben von irgendeinem auch nur ansatzweise „teuren Gut". Es ist das kirchlichste, was Kirche tun kann.

Kirche lebt aus Tradition von ihrer immer neuen Gestalt.

Also versteh mich bitte hier nicht falsch. Kirche lebt nicht *von* Traditionen. Sondern: Kirche lebt schon immer davon, dass sie wandelbar ist. Eine neue Gestalt annimmt. Sich anpasst. Nicht wie eine Fahne im Wind. Nicht alle zwei Jahre eine Generalüberholung.

Aber schau in die Geschichte der Kirche. Schau dir an, wie unterschiedlich Kirche sich im Laufe der Zeiten entwickelt und gewandelt hat. Was für unterschiedliche Ergebnisse herausgekommen sind und wie sich diese dann doch wieder gewandelt haben.

Gerade als lutherische, als reformierte Kirche, sollte uns das bewusst sein. Ist es aber nicht. Anscheinend.

Ich meine: Wer sich gegen neue Formen von Kirche stemmt, der stemmt sich gegen das gesunde Fortbestehen von Kirche. Der stemmt sich gegen die Natur der Kirche.

Und ich möchte noch einen drauflegen: Für mich gibt es eine ganz klare Verbindung zwischen einer sich wandelnden Kirche und dem Gott der Bibel. Denn auch dieser bewegt sich. Ist lebendig. Keine tote Statue. Es kann Gott reuen! Gott geht unterschiedliche Wege mit unterschiedlichen Menschen! Gott lässt mit sich quatschen und verhandeln! Er begegnet verschiedenen Menschen auf völlig verschiedene Art und Weise! Wenn ich dem Gott der Bibel Eigenschaften zuordnen müsste, dann wäre „lebendig" auf jeden Fall dabei!

Und welche Eigenschaften würden wir der Kirche zuordnen? Bewahrend? Konservativ? Traditionell?

Mir stellt sich daher, so unterm Strich, die Frage: Woran wollen wir uns halten, liebe Kirche: an festgefahrenen Traditionen oder am lebendigen Gott? Haben wir den Mut, so lebendig zu sein, wie der Gott, von dem wir den Menschen erzählen?

Gott lebt. Kirche bewahrt.

Wir als Kirche sind ein fettes, unsportliches Kind, dass den ganzen Tag zuhause vor dem PC sitzt. Es wird Zeit, dass wir rausgehen und Sport treiben. Wieder fit werden.

Damit ist nicht gesagt, dass die Traditionen über Bord gehen *müssen*. Wir dürfen sie durchaus bewahren und behalten – in einem Rahmen, der ihnen zusteht. Wir müssen sie aber von dem Thron holen, der sie unantastbar macht.

Denn die Form der Kirche ist antastbar. Sie ist veränderbar.

Veränderung hat in der Kirche Tradition. Seit mehr als 2000 Jahren. Und mit *einfachkirche* möchte ich diese Tradition gerne fortführen.

MEHR IST MEHR!

4. Dezember 2016 - juhopma

Schluss mit dem Schönreden. Weniger ist nicht mehr. Mehr ist mehr. Mehr ist besser. Mehr ist richtig. Mehr ist Kirche: Warum wir wieder volle Kirchen brauchen. Und warum wir leere Kirchen nicht länger akzeptieren dürfen.

In diesem Beitrag geht es um eine weitere Grundlage für die *einfachkirche*. Vielleicht könnte man es biblische Grundlage nennen. Es geht darum, wieso es nicht hinnehmbar ist, wenn Kirchen weniger besucht werden. Leerer werden. Wieso es dem Wesen und dem Ziel von Kirche widerspricht, wenn sie schrumpft und nur noch zu Bruchteilen gefüllt ist.

Wieso? Weil der Gott der Bibel, so wie ich von ihm in der Bibel lese, nicht nur ein paar Leute erreichen will. Er will sie alle.

Ich möchte es beispielhaft an einer Geschichte festmachen, die Jesus erzählt haben soll. Theologen und Kirchenleute nennen sie häufig „Das große Festmahl". Da erzählt Jesus von einem Mann, der groß zu einem Fest einlädt. Aber als er die Eingeladenen kurz vorher an das Fest erinnert, sagt einer nach dem anderen ab. Und was macht der Mann?

Der Mann sagt das Fest nicht ab. Er sagt nicht: „Okay, dann feiern wir eben im kleinen Kreis". Er schickt seine Angestellten raus auf die Straße und lässt alle möglichen Leute einladen. Das Fest findet statt. Der Laden soll voll werden.

Siehst du wieder diese Bewegung nach draußen?

Ich gehe davon aus, dass Jesus diese Geschichte erzählt hat, weil er damit etwas über Gott erzählen wollte. Was ich deshalb aus der Geschichte u.a. herauslese:

Wenn zu unserer Party keiner kommt, dann sollen auch wir rausgehen. Leute einladen. Neue Leute einladen. Hauptsache, die Bude ist am Ende voll.

Gott begnügt sich nicht mit einer kleinen, persönlichen Runde mit seinen treuesten und liebsten Freunden. Er hat groß eingeladen, er hat alles vorbereitet und von dem Plan rückt er nicht ab.

Ja, manchmal ist weniger mehr. Aber eben nicht immer.

Manchmal ist mehr auch einfach mehr.

Wenn in unseren riesigen Kirchen nur noch ein paar Verbliebene am Sonntagmorgen aufkreuzen, dann sehe ich uns als Kirche in der Pflicht unseren Hintern hochzubekommen und rauszugehen. Die Menschen einladen.

Weißt du, was ich spannend finde? Die Neu-Eingeladenen in der von Jesus erzählten Geschichte sind die, die man für gewöhnlich wohl nicht auf seine Party einlädt:

„Lauf schnell hinaus auf die Straßen und Gassen der Stadt. Bring die Armen, Verkrüppelten, Blinden und Gelähmten hierher" (Lukas 14,21)

Diese Leute dachten sich vermutlich „Wer, ich?" oder „Nein, ich kann nicht gemeint sein". Und ich habe genau das schon so häufig erlebt: Menschen, die sich gar nicht vorstellen können, dass Kirche (bzw. Gott) an ihnen Interesse hat. Das müssen nicht die wortwörtlich Armen, Verkrüppelten, Blinden und Gelähmten sein.

„Jonas, ich habe mit Kirche wirklich nichts am Hut", „Du, ich kann mit der Musik und dieser Sprache echt nichts anfangen", „Wenn du wüsstest, was ich getan habe... nein, das ist nichts für mich", „Mir geht es gut, Jonas. Kirche ist doch für die da, denen es schlecht geht. Was soll ich da?"

Kirche muss Menschen (wieder) überraschen. Ihnen klar machen, dass sie alle eingeladen sind. Es gibt keine Hauptzielgruppe der Kirche (also ja, es gibt eine in der aktuellen Kirche, aber ich meine jetzt so in echt. Also... wie es eigentlich gemeint ist).

Wir müssen es wieder hinbekommen, dass Kirche weniger mit einer bestimmten Hochkultur verbunden wird. Kirche ist nicht nur intellektuelle Predigt. Nicht nur klassische Musik und als moderne Variante schrumm-schrumm-Gitarrenleierei.

Kirche ist auch Metal und Rock ́n Roll. Helene Fischer und RTL2.

Kirche ist auf der Straße im Hinterhof und in großen Kathedralen. Ja, es ist abgedroschen. Aber: Kirche ist da, wo die Menschen sind. Und nicht umgekehrt.

Denn sonst ist Kirche bald da, wo *keine* Menschen mehr sind.

Mehr ist mehr. In diesem Fall. Mehr ist besser. Mehr ist richtig. Weil Kirche, wenn sie leer ist, eine ganz klare

Aufgabe hat: Rausgehen, einladen und dafür sorgen, dass der notorische Kirchenbank-Leerstand reduziert wird.

Und warum ist das Aufgabe der Kirche? Weil der Gott der Bibel sich so in der Bibel darstellt. Und woran, wenn nicht daran, sollten wir unsere Arbeit, unsere Ziele, unsere Ideen für Kirche beziehen?

„Geh hinaus aus der Stadt auf die Landstraßen und an die Zäune. Dränge die Leute dort herzukommen, damit mein Haus voll wird!" (Lukas 14,23)

Wir haben uns in Kirche lange genug eingeredet, dass es völlig okay ist, wenn es den Bach runter geht. Wenn die Zahl an Menschen, für die wir relevant sind, von Jahr zu Jahr sinkt.

Das Haus soll voll sein!

Es ist relevant, wenn Kirche an Relevanz verliert. Weil jeder einzelne Mensch für den Gott der Bibel relevant ist. Bedeutung hat. Wichtig ist.

Und somit haben wir zwei Grundlagen für die *einfachkirche.*

einfachkirche geht raus und versucht die Kirchen zu füllen, weil es zum Wesen der Kirche gehört, genau danach zu streben. Und *einfachkirche* ist dabei frei in ihrer Form, weil es keine heiligen Formen von Kirche gibt, die es zu bewahren oder zu beschützen gälte.

MIT DINOS
WÄRE DAS LEBEN GEILER!

12. Dezember 2016 - juhopma

Oder: Warum ich ein Vikariat in der evangelischen Landeskirche mache. Wieso ich von Freikirchen und Gemeinde-Neugründungen nur wenig halte. Und was das alles mit dem HSV, der Landeskirche und *einfachkirche* zu tun hat.

Ich mache ein Vikariat in der evangelisch-lutherischen Kirche in Norddeutschland. Warum gerade dort? In Deutschland sind aktuell grob gesagt 30% der Bevölkerung katholisch, 30% evangelisch, 35% keiner Religion und 5% einer anderen Religion zugehörig. Ich hätte mich also durchaus auch anders entscheiden können.

Gut, zugegeben: Ich habe nie ernsthaft darüber nachgedacht katholisch zu werden. Und eine nicht-christliche Religion kam für mich auch nicht in Frage. Aber selbst als ich nur innerhalb der evangelischen Kirche gesucht habe: Es gab mehrere Möglichkeiten Pastor zu werden.

Möglichkeit 1: Ich gehe in die Landeskirche.

Was die Landeskirche ist? Etwas vereinfacht gesagt: Das ist die Kirche, zu der du gehörst, wenn du Kirchensteuer zahlst. Von den rund 30% evangelischen Christen gehören nahezu alle zur EKD, der Evangelischen Kirche in Deutschland. Diese EKD ist dann wieder unterteilt in Landeskirchen. Ein klein wenig so, wie wir auch Bundesländer haben. Aber auch nur fast. Denn für Norddeutschland gibt es z.B. eine Landeskirche für Hamburg, Schleswig-Holstein und Meck-Pomm zusammen. Eine andere Landeskirche besteht für Berlin-Brandenburg etc.

Möglichkeit 2: Ich gehe in die Freikirche.

Was eine Freikirche ist? Etwas vereinfacht gesagt: Alles, was nicht zur Landeskirche gehört. Größter Unterschied: Du zahlst als Mitglied in der Freikirche gewöhnlich nicht

Kirchensteuer, sondern zahlst eine (mal mehr, mal weniger) frei wählbare Summe direkt an deine Gemeinde. Auch hier gibt es Verbände und Zusammenschlüsse, aber an sich ist jede Gemeinde deutlich freier in ihren Entscheidungen, ihrer Organisation, aber auch ihrer Theologie und ihren Gestaltungsmöglichkeiten.

Möglichkeit 3: Ich mache eine eigene Kirche auf

Klingt vielleicht erstmal etwas salopp. Aber durchaus denkbar. Gerade in Berlin ploppen etliche neue Gemeinden hervor. Und das ist ja auch erlaubt, also rein rechtlich und auch theologisch. Ich könnte mich mit ein paar Leuten zusammentun und wir könnten eine eigene Kirche/eine eigene Gemeinde gründen (was das eigentlich für ein Unterschied ist, Gemeinde und Kirche, und was ich über die Unterscheidung denke – darüber schon bald mehr hier auf juhopma.de)

Es gibt viele Möglichkeiten Pastor zu werden. Als ich vor vielen Jahren entschieden (oder erkannt?) habe, dass ich Pastor werden möchte, da hatte ich durchaus eine Wahl. Und ich habe mich sehr bewusst für die Landeskirche entschieden. Würde es immer wieder tun. Und stehe hinter meiner Entscheidung.

Warum also die Landeskirche?

Ich möchte es dir mit dem HSV als Beispiel erklären.

Situation: Ich bin leidenschaftlicher Fußball-Fan. Ich wohne in Hamburg. Ich träume von hochklassigem Fußball, der die ganze Stadt elektrisiert und begeistert.

Realität: Der Fußball in Hamburg ist am Boden. Insbesondere der HSV. In jeglicher Hinsicht. Es gibt zwar noch weitere Fußball-Vereine in Hamburg, aber die sind deutlich kleiner, auch nicht erfolgreicher und erreichen bislang nicht annähernd so viele Leute.

Lösungsmöglichkeit 1

Ich tue alles dafür, dass es beim HSV wieder hochklassigen Fußball gibt.

Lösungsmöglichkeit 2

Ich suche mein Glück bei einem anderen Verein.

Lösungsmöglichkeit 3

Ich gründe einen eigenen Verein und versuche mit ihm hochklassigen Fußball, der die Massen begeistert, zurück nach Hamburg zu bringen.

Noch bin ich davon überzeugt, dass die erste Lösungsmöglichkeit die erfolgversprechendste ist. Ich glaube, dass es sinnvoller ist, den HSV nicht komplett aufzugeben, nicht zu warten bis er endlich stirbt – und stattdessen ein neues Hamburger Fußball Team zu gründen – sondern alle Kraft und Leidenschaft in eine grundlegende Neuausrichtung des Vereins zu stecken.

Der HSV hat immer noch großes – nicht nur finanzielles – Kapital. Er hat einen Namen. Eine Geschichte. Ist in der Gesellschaft und im Leben vieler Menschen verankert. Es ist ganz offensichtlich unglaublich schwierig diesen dicken und unbeweglichen Dino aus seiner misslichen Lage zu befreien. Aber ich bin felsenfest davon überzeugt, dass es mit genug Anstrengung möglich ist, den HSV wieder auf Kurs zu bringen. Auf einen neuen Kurs. Und ich bin davon überzeugt, dass dies der deutlich sinnvollere Weg ist, als neben dem HSV nun etliche neue Vereine zu gründen, die alle versuchen es besser als der Dino zu machen. Oder alles auf einen anderen Verein zu setzen.

Achtung. Transferleistung gefragt (oha, und jetzt auch noch ein Wortspiel mit Transfer und Fußball...). Also, was ich mit dem Bild sagen will:

Auch die Landeskirche steckt in einer misslichen Lage.

Sie hat sich wie der HSV zu wenig bewegt. Falsch investiert. Zu groß gedacht. Schwelgt in Erinnerungen, anstatt mutige Schritte nach vorne zu gehen. Hat ein Führungsproblem. Auch die Landeskirche ist ein dicker Dino. Und ja, die Dinosaurier sind ausgestorben. Ich weiß. Aber bei diesem Dino sehe ich noch Licht. Nicht nur beim HSV. Sondern vor allem bei der Landeskirche.

Die Landeskirche hat noch Potential. Sie hat noch – nicht nur finanzielles – Kapital. Die Landeskirche hat das Geld, um sich zu verändern. Sie kann umschwenken. Sie ist noch in vielen, vielen Bereichen der Gesellschaft verankert. Sie wird noch auf vielen Ebenen geschätzt. Sie hat noch immer eine gesellschaftliche Stimme. Besitzt noch immer Einfluss. Vorrechte.

Situation: Ich bin voller Leidenschaft für die Frohe Botschaft. Ich träume von ansprechenden (im wahrsten Sinne des Wortes) Kirchen, die die ganze Stadt elektrisieren und begeistern.

Realität: Die Kirche ist am Boden. In vielerlei Hinsicht. Auch wenn sie es noch nicht einsieht. Es gibt neben der Landeskirche andere Kirchen, die aber deutlich kleiner sind und vergleichsweise kaum Menschen erreichen.

Lösungsmöglichkeit 3

Ich gründe eine eigene Kirche und versuche mit ihr ansprechende Kirchen zu errichten und die Massen zu erreichen.

Lösungsmöglichkeit 2

Ich suche mein Glück in einer anderen Kirche.

Lösungsmöglichkeit 1

Ich tue alles dafür, dass es in der Landeskirche wieder ansprechende Kirchen gibt.

Ich habe mich für das Vikariat entschieden, weil ich davon überzeugt bin, dass Möglichkeit 1 die beste ist. Ich kenne genug Freikirchen. Ich kenne genug Gemeindegründungen. Und weißt du was? Ich finde sie fast alle toll. Bereichernd.

Es ist beneidenswert, wie einfach es dort manchmal ist, Dinge zu verändern. Neues zu wagen. Und doch stelle ich im Großen und Ganzen fest: Es ist nicht relevant für die Masse. Und du weißt ja schon, was ich denke: Mehr ist Mehr! Freikirchen und Gemeindegründungen sind ein nicht-wachsendes Nischenangebot.

Und weißt du, wieso ich glaube, dass es so ist? Weil die Leute eigentlich immer noch an ihren Dino denken. Der HSV-Fan geht nicht zu St. Pauli. Er geht auch nicht zum NHSV (dem Neuen Hamburger Sport Verein). Er geht. Weg. Er. Kommt nicht. Mehr.

Aber er kommt wieder. Davon bin ich überzeugt. Wenn das Angebot wieder stimmt. Er lässt sich noch begeistern. Nur: Es ist noch ein weiter Weg. Ein so weiter Weg, dass es erhebliche Veränderungen braucht. Beim HSV. Und in der Landeskirche.

Deshalb: *einfachkirche*.

Versteh es als meine persönliche Zusammenfassung all der Dinge, die Landeskirche tun sollte. Aus meiner Sicht. Damit der Dino nicht stirbt.

Ein Dino-Rettungspaket.

einfachkirche ist keine Freikirche. Keine Gemeindegründung. Sie ist gedacht als Landeskirche. Als Teil der Landeskirche. Nur eben als stark reformierte, als veränderte Landeskirche.

Und ich freue mich, ein Teil dieser sich verändernden Landeskirche sein zu dürfen. Deshalb das Vikariat.

Und sei doch mal ehrlich: Es wäre schon ziemlich geil, wenn es noch Dinos gäbe. Oder nicht?!

DIE MACHT
DES
SCHWARZEN UMHANGS

5. Januar 2017 - juhopma

Ich soll einen Talar tragen. Nein. Ich muss einen Talar tragen. Ein Talar, das ist dieses schwarze Gewand, das Pastoren tragen. Doch noch gebe ich mich der mächtigen Lobby des schwarzen Sackes nicht geschlagen! Ein dreistufiges Plädoyer gegen die dunkle Macht!

Eines gleich mal vorweg. Ich finde: Der Talar sieht scheiße aus. Und das wird man in diesem Land ja wohl noch sagen dürfen! Er betont… nichts. Der Talar ist ein Sack. Und wer anderes behauptet, soll nochmal genau hinschauen und nicht mit einem vermeintlich taillierten Schnitt in die Diskussion einspringen.

So, das musste erstmal raus. Was für mich ansonsten gegen den Talar spricht? Kurz gesagt: Alles.

Der Talar war ursprünglich die Kleidung von Professoren. Quasi Amtskleidung für Akademiker. Und zwar im Mittelalter. Martin Luther – als Professor – trug ihn auch in der Kirche. Zumindest zur Predigt. Und irgendwie hat sich die lutherische Kirche dann wohl gedacht, dass es toll wäre, wenn alle so aussehen würden wie Martin Luther. Anfang des 19. Jahrhunderts wurde der Talar dann in Preußen als Amtskleidung eingeführt. Aber nicht nur für Pastoren, sondern auch für Richter und andere Beamte des Königs. Ja… und seitdem tragen wir das Ding.

Wo genau liegt hier also ein Grund, dass wir den Talar noch heute tragen sollten? Weil… man das schon immer so gemacht hat? Weil… es einen überzeugenden historischen Grund gibt? Und wo genau in der Geschichte? Ich habe vor kurzem in diesem Artikel der Welt von Reinhard Brunner das Zitat gelesen: „Wir haben Luther kopiert, aber nicht kapiert". Das mit dem Talar fällt wohl in die gleiche Kategorie.

Erstmal farblich: Warum tragen wir schwarz, aber reden von einer Frohen Botschaft? Es ist ja auch kein dezentes schwarz. Es ist schwarz-schwarz. Mit einem Hauch von Weiß.

Dann im Blick auf Gemeinde: Was drückt das Tragen des Talars aus? Mein Amt. Ich bin der Pastor. Ich bin es, der hier das Gewand trägt. Ihr seid die normale Gemeinde. Ich nicht.

Da entsteht eine Unterscheidung. Eine Hierarchie. Und nach meiner bisherigen Erfahrung muss ich sagen: Genau das gefällt vielen Pastoren. Es hebt sie hervor. Es macht sie wichtiger. Noch schlimmer: Nicht selten höre ich, dass Pastoren erzählen, dass sie sich durch den Talar gestärkt fühlen. Sicherer.

Und darum geht es? Dass wir uns als Pastoren eine Rüstung anlegen? Die uns... vor was nochmal schützt?

Eines der häufigsten Argumente für den Talar, die ich so höre, ist: Die Person tritt zurück, das Amt tritt in den Vordergrund. Es steht nicht mehr Jonas mit seinem Stil vorne. Nicht mehr nur Jonas als die Person, die er ist. Sondern das Amt des Pastors. Ernsthaft?

Hat das mal jemand zu Ende gedacht? Wäre es dann nicht gut, wenn gar keiner mehr vorne steht? Sondern eine Puppe mit einem Talar und die Predigt wird über ein Computer-Programm vorgelesen? Ich meine... ich rede doch ganz anders als andere. Ich habe mir ganz eigene Gedanken gemacht. Das bin doch alles ich in der Predigt. Das bin ich. Das ist meine Auslegung der Bibel. Da stecken meine

Erfahrungen drin. Meine Meinung. Meine Wortwahl. Meine Rhetorik. Meine Mimik und Gestik.

Überall ich.

Aber bitte. Mit dem Talar wird das alles anders. Die Person tritt zurück. Das Amt tritt in den Vordergrund. Nicht.

Das ist ein Schönreden dessen was der Talar wirklich ist: Ein Schneckenhaus für Pastoren. Kopf rausgucken lassen, aber mehr bitte nicht. Wenn es schlimm wird, dann ziehe ich den Kopf ein. Und alle Schneckenhäuser sollen bitte gleich aussehen.

Dazu kommt ein persönliches Argument: Ich fühle mich nicht authentisch in einem Talar. Es ist eine Verkleidung. Ein Kostüm. Das bin nicht ich. Aber ich muss es tragen. Weil… ja warum eigentlich?

Naja, es steht so im Kirchenrecht mehr oder weniger fest verankert. Aber warum? Und was ist der Sinn, dass ich es heute tragen muss?

So richtig überzeugen konnte mich bislang niemand. Alle Argumente sind für mich nicht hinreichend. Nicht tiefgehend genug.

Die Kirche steckt mich in ein Kostüm, in dem ich mich nicht authentisch und wohl fühle. Und kann mir nicht inhaltlich überzeugend erklären, warum und wofür das ganze Theater.

Mein Lieblingsargument von der Pro-Talar Fraktion ist, dass der Talar helfe, dass die Leute auf die Predigt hören würden. Sonst würden sie ja so schnell über die Farbe der Krawatte des Pastors nachdenken. Was ich mich dann immer frage: Schaut irgendjemand in Kirche eigentlich auch mal aus seiner rosaroten eigenen Welt heraus? Wird dieses Argument auch mal überdacht?

Wieso werden eigentlich Redner auf der ganzen Welt nicht auch immer in einen schwarzen Sack gepackt? Wieso ist dieser gute Gedanke der Kirche im Bundestag noch nicht angekommen? Da kann doch niemand zuhören, wenn die keinen Talar anhaben! Das müssen wir denen mal erzählen! Schnell!

Und hat schon mal jemand von diesen Pro-Talar Leuten selbst einer Predigt zugehört? Was war ablenkender: Das eigene Leben, das was einen gerade beschäftigt hat – oder ernsthaft die Kleidung der Person vorne? Oder vielleicht auch der Sprachfehler des Pastors? Seine schlechte Rhetorik? Die schlechte Akustik in der Kirche? Oder... ja vielleicht doch noch etwas ganz anderes: der Inhalt der Predigt?

Ich bin mir recht sicher, dass hinter der ganzen Talar-Diskussion letztlich eine Sache steht: Das Nicht-Vertrauen-Können auf die Predigt. Auf den Inhalt der Predigt.

Meine Güte, wenn wir gute Predigten halten, dann werden die Leute nicht am Ende nur über die rote Krawatte nachgedacht haben! Aber wenn das rot der Krawatte das Einleuchtendste an der Predigt war – ja, dann bleibt diese natürlich in den Köpfen!

Wenn wir gute Predigten halten, dann brauchen wir kein Schneckenhaus, das uns schützt. In das wir uns verkriechen können.

Wenn wir gute Predigten halten, dann müssen wir uns als Person nicht im Talar abgeben und in ein Amt fliehen.

Ich möchte deshalb ein dreistufiges Plädoyer halten. Für Menschen, die predigen. An Menschen, die predigen. Und gegen den Talar.

Erstens: Lasst uns predigende Menschen sein!

Menschen. Typen. Authentisch. Lasst uns sein, wie wir sind. Es geht nicht um das Amt. Es geht um den Menschen. Der Mensch predigt, nicht das Amt. Der Mensch spricht, nicht das Amt. Also: Lasst uns anziehen, was wir anziehen und lasst uns sein, wer wir sind. Genau davon predigen wir doch so gerne. Dann lasst es uns auch authentisch vorleben.

Zweitens: Lasst uns ein ganz normaler Teil der Gemeinde sein!

Keine Hierarchie. Kein „ich" und „meine Gemeinde". Wir sind ein Teil der Gemeinde. Nicht ihr Kopf. Nicht ihr Chef. Wir sind nicht hervorgehoben. Stehen Gott nicht näher und haben keine Superkräfte. Also: Lasst uns nicht optisch und in unseren Herzen eine Stufe zwischen der Gemeinde und uns aufbauen!

Drittens: Lasst uns gute Predigten schreiben! Lasst uns gute Predigten halten!

Ehrlich sein. Authentisch sein. Nichts sagen, wenn wir nichts zu sagen haben. Weniger und dafür tiefgehender predigen. Rhetorik! Also: Lasst uns die Qualität unserer Predigten steigern und wir brauchen kein Schneckenhaus zum Verstecken! Wenn wir nicht so viel belanglosen Scheiß predigen würden, dann müssten wir uns auch weniger Sorgen machen, dass die Leute sich um unsere gepunktete Krawatte Gedanken machen.

Vielleicht erlebe ich es ja noch. Ein Ende der Talar-Pflicht für uns Pastoren in der Landeskirche. Ja, dann würde man uns nicht mehr sofort erkennen. Aber wofür genau ist das nochmal wichtig? Für mein Ego?

Vielleicht erlebe ich es ja noch. Pastoren, die als authentische Menschen vorne in der Kirche stehen. Unverkleidet. Unverstellt. Und ohne schwarzen Talar, der auf widersprüchliche Art unsere Frohe Botschaft farblich unterstützen soll.

Vielleicht erlebe ich es aber auch nicht. Und ich weiß auch schon, wer dann schuld ist: die Talar-Lobby. Sie setzt sich zusammen aus Angst, Tradition und Sturheit. Und hat eine hohe Argumentationsresistenz.

Ich habe übrigens schon einen Talar. Gebraucht gekauft. Und ich habe lange gedacht, dass der Talar wenigstens bei Beerdigungen passen würde. Wegen schwarz. Und das passt doch zu Trauer und Tod und so. Bis mir einfiel: Eigentlich ist der schwarze Talar das dämlichste, was wir als Christen, als Pastoren, zu einer Beerdigung tragen können.

Denn wer, wenn nicht wir, spricht über Hoffnung, Leben, Auferstehung – eine Frohe Botschaft – selbst am Grab? Selbst im Tod? Selbst in der tiefsten Trauer?

Wo sonst sollten wir erst recht Farbe tragen, als da, wo die Welt schwarzsieht?

Jetzt habe ich also einen Talar und mir ist der letzte Grund für seinen Besitz ausgegangen.

Ach nein. Einen Grund habe ich natürlich. Ich muss ihn ja tragen. Na ein Glück. Dann war der Kauf doch nicht umsonst.

KIRCHE IST MIR EGAL!1!!

12. Februar 2017 - juhopma

Immer mehr Menschen gehen auf immer größere Distanz zur Kirche. Zurecht und mit gutem Grund. Im letzten Teil meiner Serie über die drei großen Krisen der Kirche geht es um eben diese drei Krisen. Und die größte unter ihnen: Die Relevanzkrise der Kirche. Und um Netflix, House of Cards und eine VHS-Kassette.

Eines muss ich zur Verteidigung der Kirche dann doch mal sagen. Mit ihren Problemen und Krisen steht sie nicht alleine da. Auch anderen Institutionen geht es ähnlich, z.B. Parteien und Gewerkschaften. Ich habe es im ersten Teil der Serie schon einmal so ähnlich geschrieben, hier nochmal in aller Deutlichkeit: Das Grundproblem ist kein allein kirchliches.

Aber: Es trifft die Kirche eben auch und nicht minder hart. Die Feststellung, dass auch andere vergleichbare Institutionen mit sehr ähnlichen Problemen zu kämpfen haben, darf nicht als Ausrede genutzt werden. Aber es kann ein „Augenöffner" sein, um zu erkennen, was der Auslöser der Krise ist. Gesellschaftliche Veränderungen.

Gesellschaftliche Veränderungen auf die sich Kirche bislang nicht flexibel genug eingestellt hat. Und daher jetzt in vielfältigen Krisen steckt. Die Hauptkrise ist – aus meiner Sicht – dabei eine Relevanzkrise. Aufgrund dieser fehlenden Relevanz kommt es zu einer Mitgliederkrise. Und aufgrund des Mitgliederverlustes zu einer Finanzkrise.

Die Relevanzkrise

Seien wir ehrlich: Die Kirche in Deutschland befindet sich in erster Linie in einem stetigen Prozess des Relevanzverlustes. Die Leute wissen einfach vielfach nicht (mehr), was sie mit Kirche anfangen sollen. Was es ihnen bringt, was das überhaupt mit Kirche soll.

Kirche ist keine selbstverständliche Institution mehr, mit der jeder Mensch automatisch in Kontakt kommt. Kirche steht nicht mehr mitten im Dorf. Und in der Stadt erst recht nicht mehr. Es gibt immer mehr Menschen, die mit Kirche kaum oder nie Kontakt haben.

In den östlichen Bundesländern ist Kirche schon heute ein Minderheiten-Phänomen.
Aber auch gesamtgesellschaftlich besitzen wir als Kirche schon lange keine Interpretationshoheit mehr. Wir sind eine Stimme unter vielen.

Die Milieuperspektive zeigt dabei ganz besonders, dass Kirche viele, vor allem postmoderne, Milieus kaum erreicht. Wir haben zwar in jedem Milieu Mitglieder, erscheinen aber für die meisten Milieus so irrelevant, dass es zu keiner aktiven Teilnahme und zu keinem nennenswerten Grad an Verbundenheitsgefühl kommt.

Die Mitgliederkrise

Häufig wird die folgende Tatsache verwechselt: Kirche verliert nicht an Bedeutung, weil wir Mitglieder verlieren. Sondern: Wir verlieren Mitglieder, weil wir an Bedeutung für die Menschen verloren haben.

Aktuell wirkt sich die Krise der Kirche vor allem als Mitgliederkrise aus. Je mehr Menschen die Kirche als nicht mehr relevant in ihrem Leben einstufen, desto mehr treten aus. Je mehr Menschen ausgetreten sind, desto weniger Kinder werden getauft, was den Mitgliederverlust verstärkt.

Hinzu kommt der demografische Wandel, der Kirche besonders trifft. Doch nicht nur Mitglieder gehen verloren, auch das Verbundenheitsgefühl der verbliebenen Mitglieder sinkt stetig und führt zu einer immer geringeren Beteiligung am kirchlichen Leben, was sich in stark sinkenden Gottesdienstbesuchszahlen äußert.

Vor allem im Osten Deutschlands hat sich die Situation bereits heute zugespitzt. In größeren Städten wie Halle, Magdeburg oder auch in Ostberlin liegt der Anteil der Christen zum Teil unter 10%. Unter 10%. Ausrufezeichen. Volkskirche. Fragezeichen. Nein. Ausrufezeichen. Ausrufezeichen. Ausrufezeichen.

Nicht-Zugehörigkeit ist zum Normalfall geworden. Es ist eine Generation entstanden, die ohne Kontakt zur Kirche aufgewachsen ist. Einige Theologen sprechen daher von einer „nach-volkskirchlichen-Ära". Und was wir im Osten sehen, ist in vielen Teilen des Westens auch schon zu erkennen.

Schließlich führen immer weniger Mitglieder aber dann zu einer Finanzkrise.

Die Finanzkrise

Die Finanzkrise ist hinterlistig. Sie schleicht sich an. Aber ausgebrochen ist sie noch nicht. Klar, schon heute steht längst nicht mehr in jedem Dorf eine Kirche, zu der auch ein Pastor gehört. Pastoren, die über sieben Dörfer tingeln ist auch bei uns Realität. Fusionen von Kirchen, um Geld zu sparen, gibt es in Hamburg mehr als genug.

Trotzdem: Es geht Kirche aktuell finanziell gut. Vor allem die gute wirtschaftliche Lage ist der Grund, dass der massive Mitgliederschwund sich finanziell immer noch nicht in dem Maße bemerkbar macht, wie es auf absehbare Zeit zu erwarten ist.

Warum das zu erwarten ist? Nun, zum einen ist es ein recht klarer Zusammenhang, der zwischen weniger Mitgliedern und weniger Einnahmen besteht. Aber nicht nur weniger Mitglieder führen in die Finanzkrise, auch die Überalterung der Mitglieder, die noch da sind. Schon heute sind nur 50% der Kirchenmitglieder auch Kirchensteuerzahler.

Also, wenn Kirche ehrlich wäre, dann würde sie feststellen: Auf mittelfristige Sicht ist Schicht im Schacht mit der Kirche, wie sie heute arbeitet. Diese flächendeckende Organisationsstruktur, die aus einer Zeit stammt, als „alle" Christen waren, ist einfach nicht mehr aufrechtzuerhalten. Wenn wir so weitermachen, dann sind wir irgendwann einfach pleite. Oder handlungsunfähig. Oder beides. Wir werden uns auch eine verbeamtete Mitarbeiterschaft nicht mehr in diesem Maße leisten können. By the way.

Und nun?

Eines ist mir wichtig: Dir aufzeigen, was aus meiner Sicht die wichtige Krise ist. Die Relevanzkrise. Wir müssen nicht bei der Finanzkrise oder der Mitgliederkrise ansetzen. Sondern am Inhalt.

Wir sind nicht mehr relevant für immer mehr Menschen. Sie verstehen nicht, welche Bedeutung Kirche für sie hat oder haben soll. Aber das ist unsere Aufgabe als Kirche. Denn hier geht es um unseren Inhalt. Wir müssen das, was wir „Frohe Botschaft" nennen, an die Menschen da draußen bringen. Denn ich bin davon überzeugt, dass unser Inhalt relevant ist. Einzigartig ist.

Wir müssen uns aber auch etwas Zweites eingestehen: Inhalt gibt es immer nur in Formen. Ich will die Milch im Supermarkt nicht in meine Hände geschüttet bekommen. Ich brauche eine Form, um sie mit nach Hause nehmen zu können. Und auch unser Inhalt braucht Formen.

Der Inhalt braucht Formen, der unserer aktuellen Gesellschaft gerecht wird. D.h. nicht, dass die alten Formen schlecht sind. D.h. nicht, dass die neuen Formen für alle Zeiten, für alle Orte und für alle Menschen richtig sind.

Auch das wird – gerade von den Alteingesessenen – immer wieder missverstanden. Sie fühlen sich und ihre Formen von

Kirche angegriffen. Doch darum geht es nicht. Dickes Ausrufezeichen.

Es geht darum, dass wir als Kirche auf den gesellschaftlichen Wandel reagieren und unseren Inhalt endlich endlich endlich in Formen an die Menschen da draußen bringen, die zu ihnen passen.

Und warum das alles?

Damit die Bedeutung unserer Botschaft deutlich wird. Wir gießen aktuell unsere großartige Botschaft in alte Formen, die keiner mehr kauft. Stell dir vor, Netflix hätte House of Cards produziert, aber es nur als VHS-Kassette rausgebracht. Eine tolle Serie, in einer Form, die heute eigentlich keiner mehr nutzt. Überhaupt: Ich glaube, dass wir als Kirche von Netflix eines lernen könnten: Inhalt wird nicht deshalb schlecht, weil man sich an den Gewohnheiten der Menschen orientiert.

Es wird Zeit, dass wir als Kirche etwas netflixiger werden. Es wird Zeit, dass wir den Menschen unsere Botschaft nicht länger fahrlässig vorenthalten. Unser Inhalt braucht neue Formen. Und *eine* neue Form könnte *einfachkirche* sind.

10 GRÜNDE,
WARUM PASTORENINNEN
EINEN TALAR TRAGEN SOLLTEN

23. Februar 2017 - juhopma

Ich habe mich natürlich geirrt. Der Talar ist toll.
Wirklich. Make the Talar great again! Es gibt so viele,
gute Gründe für den Talar. Es gibt so viele, gute Gründe,
dass es gar nicht so leicht war, die besten
herauszufinden. Ich habe es mit knallharter Disziplin
aber trotzdem geschafft. Und so sind hier die 10 besten
Gründe, warum PastorenInnen einen Talar tragen
sollten.

1. Der Talar ist so unmodisch, dass er schon wieder modisch ist

Seien wir ehrlich: Der Talar sieht doch einfach toll aus. So individuell. So besonders. Wer trägt denn heute schon noch einen Talar? Richtig! Kaum jemand. Und genau das ist Mode. Das ist Style-Bewusstsein. Wir tragen, was sich sonst keiner traut zu tragen. Wer Talar trägt, der ist seiner Zeit zurück und gleichzeitig wieder voraus. Irre oder? Und überhaupt: Irgendwie ist jeder Talar doch auch einzigartig. Und dann erst der persönliche Schnitt! Man, man, man, ich sag dir: wenn du einmal in so ein Ding geschlüpft bist, den Stoff fühlst, merkst, dass er sich perfekt an deine Körperform anschmiegt und doch nicht aufträgt... aber Vorsicht, wenn Freunde da sind. Lass sie auf gar keinen Fall Probe-Tragen. Viele Pastoren berichten, dass ihre FreundeInnen mit dem Talar „nur mal kurz Zigaretten holen" gingen und seitdem nicht mehr auftauchten!

2. Der Talar kann Leben retten!

Du kennst die Situation bestimmt: Es brennt, aber keiner hat eine Löschdecke parat! Nach bisher nicht erstellten Studien sterben jedes Jahr eine nicht definierbare Menge an Menschen aufgrund fehlender Löschdecken. Doch damit kann es ein Ende haben! Denn der Talar sieht nicht nur tot-schick aus, nein, er kann sogar Leben retten. Innerhalb weniger Sekunden kann jeder geübte Tarnumhang-Träger sich seinen Talar vom Leibe reißen und bis zu 10m² große

Flächenbrände eindämmen! (Beachte allerdings Punkt 6 – in einzelnen Fällen kann es hier zu optischen Kollateralschäden kommen).

3. Der Talar kann Flüchtlinge beherbergen!

Kirchenasyl war gestern. Talarasyl ist heute. Aufgrund seines großzügig bemessenen Schnittes können unzählige Menschen unter ihm Zuflucht finden. Beispielhaft seien Flüchtlinge genannt. Auch als Fluchthelfer könnte der Talar so ein praktisches Accessoire sein. Natürlich können aber auch wahllos andere Dinge und Menschen unter dem Talar versteckt, eingelagert oder großgezogen werden. Es ist auch denkbar, dass Eltern sich die Kita sparen und stattdessen ihre Kinder den Tag über in ihrem Talar mit sich herumführen.

4. Der Talar bietet hervorragenden Sonnenschutz!

Wer kennt es nicht: Spontan zum Strand gefahren und ganz vergessen, dass die Sonne scheint? Kein Problem, wenn du einen Pastor am Start hast. Mit wenigen Handgriffen und ein paar Stangen oder Ästen kann dir ein Pastor deines Vertrauens einen ausgezeichneten Sonnenschutz bauen. Hautreizende Sonnencreme? Kannst du bei ebay Kleinanzeigen reinstellen. Dank des Talars!

5. Der Talar ist interreligiös verwendbar!

Ob als Schleier, Turban, Superhelden-Kostüm oder Gebetsteppich – der Talar ist unglaublich vielseitig! Kein anderes Kleidungsstück kann in nahezu jeder Religion der Welt eingesetzt werden. Das ist auch für dich praktisch, falls du im Laufe deines Leben doch noch mal den Anbieter wechselst. Je nach Religion sind zwar kleine Anpassungen nötig, doch dein örtlicher Talarausstatter wird dir gerne behilflich sein.

6. Der Talar erlaubt dir völlige Kleidungsfreiheit!

Du gehst gerne im Hawaii-Hemd zum Gottesdienst? Du wolltest schon immer mal nackt durch die Einkaufspassage flanieren? Mit dem Talar kein Problem! Du kannst wirklich (nicht) anziehen was du willst – mit dem Talar als Überwurf-Einteiler ist es möglich! Kein anderes Kleidungsstück schenkt dir mehr Freiheit, als der Talar! Und ist das nicht auch die Freiheit von der Paulus oder Jesus oder dings schon sprach? Der Talar steht wie kein anderes Kleidungsstück für die Freiheit, die uns der christliche Glauben schenkt!

7. Der Talar ersetzt deine Bettwäsche!

Es klingt nach einer Spinnerei, ist aber durch diverse Youtube-Videos bestätigt: Mit einer geschickten Falttechnik kannst du deinen Talar als Bettlaken, Bettdecke, Kissen und

Moskitonetz gleichzeitig nutzen! Die finanziellen Ersparnisse sind – auf dein ganzes Leben gerechnet – enorm! Aber auch der zeitliche Gewinn ist zu beachten: Du musst dich einfach nur noch ins Bett legen und kannst direkt einschlafen. Und am Morgen? Überlegen, was du anziehen musst? Hagel von morgen! Einfach aufstehen und losziehen!

8. Der Talar muss nicht gewaschen werden!

Das klingt jetzt wirklich unglaubwürdig? Stimmt aber! Zum einen hast du aufgrund des kräftigen Schwarzes des Talars den Vorteil, dass du ihn nahezu nie waschen müsstet. Richtig praktisch wird es aber dadurch, dass du mit dem Talar einfach direkt duschen kannst. Du sparst dir also dauerhaft die Waschgänge. Einfach aus dem Bett, unter die Dusche, möglichst Shampoo mit niedrigem Säuregehalt nutzen, dich und den gesamten Talar einschäumen, 2-3 Minuten ziehen lassen und dann mit lauwarmen Wasser alles abspülen. Kann ein Morgen besser beginnen? Doch Achtung: Bitte Punkt 3 an dieser Stelle beachten!

9. Der Talar macht dich klug und besser als andere Menschen!

Ja, das ist vielen nicht bewusst – aber: Sobald du den Talar trägst, gewinnst du automatisch an Intelligenz! Du bist von jetzt auf gleich klüger, kannst Worte nutzen, die sonst niemand nutzt. Geringes Selbstbewusstsein? Schneeregen am nächsten Dienstag! Du bist der King! Wahlweise auch die Queen! Du bist toll, du kannst jetzt endlich was, du bist nicht so wie all die anderen! Denn du bist einer der Auserwählten. Du bist einer der Men in Black. Und du weißt ja, wie verdammt cool diese Jungs sind (okay, und aus den 90ern…). Also: Selbst wenn Außerirdische kommen – sie werden an dir abprallen wie Regentropfen an einer Pfütze. Denn niemand wird klüger und erhabener sein als du!

10. Der Talar ist so gender!

Mann oder Frau? Oder noch was anderes? Diese Fragen sind dem Talar egal. Er kleidet jeden Menschen gleich. Egal wo du herkommst, egal, wie du aussiehst, egal wer du bist, was du machst. Es ist einfach alles egal. Es zählt nur eins. Du hast einen Talar an. Kein anderes Kleidungsstück kann die Grundbotschaft der Kirche, dass alle Menschen gleich sind, so auf die Haut bringen, wie der Talar. Der Talar ist somit auch Entscheidung. Botschaft. Ein Statement! Ja zur Gleichmacherei! Nein zur Individualität! Mit dem Talar wirst du eins mit der großen und stetig wachsenden Gemeinschaft aller gendergerechten Talar-Träger.

In diesem Sinne: Let us make the Talar great again!

BEHARRLICH

IN DIE BELANGLOSIGKEIT

5. März 2017 - juhopma

Langeweile? Können wir! Weltfremdheit? Können wir! Was wir aber am besten können? Belanglosigkeit. Predigten, die aus einem langgezogenen „Blaaa" bestehen. Veranstaltungen, die im besten Fall ihre Inhaltsleere durch „Gemeinschaft" vertuschen. Was bleibt von einer christlichen Kirche, wenn „Christus" nur noch namensgebend, aber nicht mehr inhaltsbestimmend ist? Belanglosigkeit. Was mich am meisten irritiert: Mit welcher Beharrlichkeit wir auf diese Inhaltsleere und Bedeutungslosigkeit zusteuern.

Da erzählt mir eine Freundin, dass sie – die eigentlich nie in eine Kirche geht – am letzten Sonntag zufällig im Radio eine Predigt gehört hat. Es geht um Maria und Marta. Eine recht bekannte Geschichte aus der Bibel. Jesus kommt in ein Haus, da sind zwei Frauen. Eine sitzt und hört Jesus zu, die andere schuftet die ganze Zeit in der Küche. Als Pointe hat besagte Freundin mitgenommen, dass Jesus heute Pizza bestellen würde. Oder so ähnlich.

Was mich (mal wieder) erschreckt hat: Für meine zufällige Predigthörerin war diese Predigt so inhaltsleer, so belanglos – diese Predigt hat alles getan, aber an keinem Punkt bei ihr so etwas wie „Bedeutung" hervorgerufen. Keine Bedeutung für ihre Welt, keine für die große Welt. Aber wir wissen jetzt alle, dass Jesus Pizza bestellen würde und niemand muss sich mehr streiten, ob sich nun Maria oder Marta in dem Predigttext richtig verhalten haben...

Vor kurzem war ich bei dem sog. „Pop-Oratorium" in der Barclay-Card-Arena in Hamburg. Rund 8000 Zuschauer, professionelle Musicaldarsteller, professionelle Band + Orchester, tolles Licht und ein Chor aus 1500 Menschen. Meine Güte, toll oder? Wie stolz die Kirche auf diese Veranstaltung ist! Kirche kann rausgehen. Kirche kann modern. Kirche kann zum Reformationsjubiläum so ein richtig dickes Ding über Martin Luther raushauen. Wir sind alle begeistert!

Nicht.

Vielleicht hätte ich schon stutzig werden sollen, als ich las, dass das Oratorium von einem 73-Jährigen getextet wurde. Und von einem 59-Jährigen die Musik stammt. Frischer Wind in der Kirche, wa? Vielleicht hätte ich auch stutzig werden sollen, dass ich allein in meinem kleinen Sitzplatz-Block vier gute Freunde/Bekannte aus Kirche zufällig traf.

Tatsächlich war das nämlich einfach nur eine große christeninterne Veranstaltung. Auf dem Weg zur Arena – es spielte der HSV gleichzeitig nebenan im Stadion – wunderten sich schon ein paar der HSV-Fans: „Wo wollt ihr hin? Luther? Oratorium? Nie gehört". Wahrscheinlich war Kirche an diesem Abend der normalen Welt wirklich mal ganz schön nah. Aber eben nur nah und nicht dabei. Wir Christen saßen in unserer Arena. Die Welt war nebenan beim HSV. Nun gut. Dafür war das Oratorium zumindest gut.

Naja. Es war technisch nicht schlecht. Alle haben gut gesungen. Keine Frage. Ich habe nicht die Fähigkeiten, solche Lieder zu schreiben. Ich habe nicht die Fähigkeit, solche Oratorien zu texten. Aber ich habe Ohren zu hören. Und was ich gehört habe, war vor allem ein langes „Blaaa". Christliche Floskeln werden nicht tiefgehender, nur weil man sie mit 1500 Leuten zusammen singt. Oder mit toller Lichttechnik unterstützt.

Wichtigste Aussagen des Stückes? 1. „Am Anfang war das Wort und das Wort ward bei Gott". 2. „Wir sind Gottes

Kinder". Genau. Aber das jetzt eben ein paar Mal wiederholen und dann alle zusammen singen.

Ob es gar keinen Inhalt gab, der Martin Luther wichtig war? Doch natürlich! Die vier bekannten „soli" wurden natürlich auch vertont. Wobei. Naja, leider nur drei. Zu „solus christus" hat es dann doch nicht mehr gereicht. Immerhin wurde es aber einmal kurz reingesungen im Hintergrund. Vermutlich war das aber auch ein Versehen.

Es sind nur zwei kleine aktuelle Beispiele. Die für mich stellvertretend für etwas stehen. Für unsere Belanglosigkeit. Nein, Moment. Ich glaube natürlich nicht, dass wir belanglos sind. Aber wir präsentieren uns so. Inhaltsleer. Bedeutungslos. Hauptsache wischiwaschi. Nicht anecken. Bloß nichts sagen, was mit einer Botschaft verwechselt werden könnte. Überzeugt von etwas reden? Etwa auch noch missionarisch sein? Menschen einladen, von dem begeistern wollen, wofür wir als Kirche stehen? Um Himmels Willen!

Doch da fängt es ja schon an: Wofür stehen wir als Kirche eigentlich? Wir könnten uns darüber nun trefflich streiten. Nur um eines möchte ich mich nicht streiten müssen. Wenn wir uns als „Christen" bezeichnen, wenn wir uns als „christliche" Kirche bezeichnen – wieso streichen wir dann gerade an dem namensgebenden Punkt den Inhalt besonders gern zusammen?

Wieso führen wir mit einem Riesenbudget ein Oratorium über Martin Luther auf, das inhaltlich nahezu nichts „Christliches" zu bieten hat? In dem ein solus christus verschwindet und Luthers Erkenntnisse über die Gnade Gottes durch ein völlig zusammenhangslos eingebrachtes „Am Anfang war das Wort" ersetzt werden?

Wie kann es sein, dass wir immer noch PredigerInnen auf die Kanzel und ins Radio lassen, die eigentlich nur eins können: Menschen davon überzeugen, dass sich das frühe Aufstehen am Sonntag wirklich nicht lohnt.

Wir machen Veranstaltungen, die sich unter dem Deckmantel von „Gemeinschaft" versuchen vor ihrer wahren Identität zu verstecken: Der Identität der Inhaltslosigkeit. Was unterscheidet uns von der freiwilligen Feuerwehr? Vom Kegelverein? Beides keine schlechten Dinge! Aber wenn wir in der nächsten Woche zu einer Veranstaltung in der Kirche und einmal zum Kegelverein in der Kneipe nebenan gehen – und wir hinterher feststellen, dass inhaltlich eigentlich beide Gruppen auch fusionieren könnten – was genau ist dann unsere Daseinsberechtigung als Kirche?

Am erstaunlichsten finde ich dabei, mit welcher Überzeugung und Leidenschaft, ja welcher Beharrlichkeit Kirche die Bedeutungslosigkeit häufig vertritt. Inhaltsleere wird dann als „Nähe bei den Menschen" verkauft. Aus Angst etwas zu sagen, sagen wir lieber nichts. Oder so viel, dass am Ende keiner mehr weiß, was wir eigentlich sagen wollten. Ersteres beliebt in der Führungsetage unserer Kirche. Letzteres sehr beliebt unter uns Pastoren.

Was bleibt vom Christentum, wenn „Christus" genommen wird? Was ist Kirche, wenn sie das einzige, was sie besonders macht, nicht vertritt? Nicht laut von dem spricht, was ihr Grund und ihre Hoffnung ist?

Über einen Gott reden viele Religionen. Gemeinschaft können viele Einrichtungen bieten. Nächstenliebe ist in unserer Gesellschaft an vielen Punkten tief verwurzelt, auch ganz ohne unser aktuelles Zutun als Kirche. Aber wer redet noch von Jesus, wenn wir es nicht tun?

Richtig.

Und weißt du was? Ich glaube, dass die Menschen da draußen aber genau das hören wollen. Jesus. Nicht, weil sie an ihn glauben wollen und sich alle morgen taufen lassen werden. Sondern, weil sie wissen wollen, warum es uns als Kirche eigentlich gibt. Und was uns ausmacht. Warum wir glauben. Was wir glauben. Welche Daseinsberechtigung haben wir noch?

Stell dir vor, du gehst in einen Apple-Store – aber sie verkaufen dort kein iPhone, kein iPad und keine Macs mehr. Stattdessen gibt es Kaffee, wie bei Starbucks gegenüber. Möbel, wie bei Ikea aus der Innenstadt. Und Smartphones von Microsoft. Wärst du vielleicht enttäuscht? Weil du eigentlich erwartet hattest, dass du bei Apple das kaufen kannst, was du sonst nirgendwo herbekommst?

Klar, der Kaffee schmeckt vielleicht. Die Möbel sind interessant und das Smartphone ist besser als erwartet. Und doch bleibt eins: Apple hätte sich für dich auf eine Art belanglos gemacht. Denn all diese Produkte bekommst du eben auch bei Starbucks, Ikea und Microsoft.

Und genau so erlebe ich uns als Kirche, gerade als Landeskirche, zu häufig. Wir machen alles. Wir reden über alles. Nur nicht über das, über das sonst niemand spricht. Jesus.

Und ich glaube, dass es die Menschen da draußen interessiert, was dieses Jesus mit ihnen zu tun hat. Ich glaube, dass unsere Kirchen voller wären, wenn wir Inhalt bieten würden. Wenn wir zeigen würden, dass unsere Botschaft nicht belanglos ist. Sondern einzigartig. Nicht bedeutungslos. Sondern lebensverändernd.

Weniger Breite, mehr Tiefgang. Mehr Mut und weniger allgemeingültige Floskeln. Und wenn wir schon 8000 Leute in einer Halle haben, liebe Kirche, wie wäre es, wenn wir es das nächste Mal mit weniger Bla und mehr Jesus versuchen würden? Ich könnte mir auch durchaus vorstellen, dass das diesem Martin Luther durchaus gefallen würde... ist aber nur so eine ganz leise Vermutung...

WIR PREDIGEN EINFACH ZU SCHLECHT!

31. März 2017 - juhopma

Gute Predigten begeistern mich. Motivieren mich. Ja, gute Predigten haben mein Leben verändert. Aber was mir auffällt: Kaum eine davon wurde auf Deutsch und in einer unserer Landeskirchen gehalten. Tatsächlich erlebe ich dort meistens genau das Gegenteil. Predigten, die mein tiefstes Verständnis für all die Menschen fördern, die nicht (mehr) in unsere Gottesdienste kommen. Was läuft da falsch bei uns und warum predigen wir so schlecht?

Eigentlich müsste ich jetzt eine Predigt schreiben. Ich sitze an dieser Predigt – ungelogen – schon seit Wochen. Aber ich komme einfach auf keinen der Äste, von denen man sagt, dass sie grün seien und irgendwie gut wären. Vor lauter Frust habe ich angefangen mir etliche Predigten zu meinem Bibeltext zu ergoogeln. Mit dem Ergebnis, dass ich mir alle paar Minuten die Haare raufen muss. Und ja, meine Frisur ist jetzt im Eimer.

Was mir bei dieser Recherche mal wieder mehr als deutlich geworden ist: Auf unseren Kanzeln wird einfach zu häufig zu schlecht gepredigt. Damit meine ich jetzt noch nicht, dass es sprachlich gerne völlig abgehoben und unverständlich ist. Ich meine nicht, dass gerne abgelesen wird und gekonnte Rhetorik oder freies Reden Mangelware sind.

Ich meine, dass es einfach belangloses Blabla ist. In den letzten Stunden habe ich etliche, wirklich etliche Predigten zu meinem Predigttext gelesen. Nicht eine einzige hat mich auch nur ansatzweise angesprochen. Ich habe nichts gefunden, was mir den Bibeltext wirklich „geöffnet" hat. Ich habe nichts gefunden, was mir deutlich gemacht hat, was das alles mit mir zu tun hat. Und wir wundern uns über leerere Kirchen…

Was ich dagegen gefunden habe sind eine Menge Nacherzählungen. Spekulative Deutungen. Abdriften in irgendwelche anderen Themen, die deutlich leichter zu erklären sind als dieser Predigttext.

Spannend ist auch: Ich habe fast keine „gleiche" Predigt gefunden. Irgendwie hat jeder Pastor, jede Pastorin, über irgendwas anderes gepredigt. Erreicht hat mich davon nichts. Getroffen hat mich nichts. Und – nachdem ich selber nun wirklich schon sehr viel Zeit in diesen Bibeltext gesteckt habe – meistens hatte ich das Gefühl, dass der Pastor/die Pastorin in die Vorbereitung eher den Samstagnachmittag von 15-17 Uhr gesteckt hat, als eine angemessene Menge an Zeit.

Wozu das geführt hat? Gefühlt zu einer völligen Willkürlichkeit. Da wurde nicht über den Text gepredigt, sondern über das, was einem eben gerade wichtig war. Was einem durch den Kopf ging. Am Samstag zwischen 15 und 17 Uhr.

Jetzt stehe ich aber natürlich vor einem Problem. Naja, vor mehreren. Erstens maße ich mir an, all diese Predigten als schlecht zu befinden. Sicherlich wird es Menschen geben, die diese Predigten toll fanden. Wieso maße ich es mir trotzdem an? Weil sie *mich* nicht ansprechen. Und das dauernd und überall. Und: Weil ich *andere* Predigten kenne. Ich weiß, dass es anders geht. Ich erlebe Predigten, die mir „direkt ins Herz" gehen. Es gibt Predigten, da kann ich dir heute noch die drei wichtigsten Punkte nennen.

Spannenderweise sind diese „guten" Predigten mir fast nie in der Landeskirche und fast nie auf Deutsch begegnet.

Das nächste Problem ist ja, dass ich unterschwellig in diesem Beitrag mitlaufen lasse, ich wüsste, warum die Predigten so schlecht sind. Das stimmt natürlich nicht. Ich kann nur vermuten und unterstellen. Aber... das mache ich gerne. Daher unterstelle ich folgende Gründe der mangelnden Predigtqualität:

1. Schlechte Ausbildung

Im Theologiestudium von sechs Jahren musste ich eine Predigt schreiben. Eine. (Ich hatte das Glück viel nebenher predigen zu dürfen. Aber das Studium sah für mich nur eine Predigt vor...) Ich kenne Theologiestudierende, die es mit weniger geschafft haben. Klar, jetzt kommt noch das Vikariat und da werden wir es lernen. Ich bin gespannt. Bis zum heutigen Tage sehe ich da aber durchaus Potential in der Ausbildung.

2. Schlechte Vorbereitung

Eigentlich können wir Pastoren nur eins: Theologie betreiben. Das haben wir ja schließlich gelernt. Also... theoretisch. Praktisch meine ich zu beobachten, dass Pastoren für vieles Zeit haben, aber die Predigt eher zu kurz als zu lang in der Vorbereitung kommt.

3. Nichts zu sagen haben

Das mag jetzt besonders hart klingen, aber ich glaube das trifft es auf den Punkt: Wenn man selber gar nicht weiß, was man sagen will, dann kann am Ende auch nichts Gutes bei rumkommen. Soll heißen: Wenn ich selber von der Botschaft nicht überzeugt bin, wenn ich selber nicht verstanden habe, was der Text mir persönlich zu sagen hat, dann wird sich das in meiner Predigt zeigen. Was macht man als Pastor/Pastorin dann? Genau, man flüchtet in Theologie. Hält eine Vortrag über irgendwelche wissenschaftlichen Erkenntnisse, reichert es mit ein paar Zitaten von berühmten Menschen an und schwups hat man ein paar Seiten Text, die durchaus wichtig klingen, in denen was steht, aber die eben nichts beinhalten, was irgendwie als relevanter, bedeutsamer Inhalt für mein oder dein Leben durchgehen.

Und nun mache ich alles besser? Schön wär´s. Genau das ist ja aktuell mein größtes Problem. Ich ringe und kämpfe mit diesem Text seit Wochen. Ich habe mir schon etliche ganze Tage Zeit genommen. Noch ist der Knoten nicht geplatzt. Noch warte ich auf die Erkenntnis, die Eingebung.

Ich habe schon gefühlt alle Kommentare zu der Bibelstelle gelesen, gefühlt meinen halben Freundeskreis und halben Theologenkreis die Stelle lesen lassen. Predigt-Googlei hat auch nicht weitergeführt. Also werde ich weiterringen. Warum?

Weil ich dich mit gutem Grund zu meiner Einführungspredigt am 09.04.17 in der Osterkirche in Bramfeld einladen möchte. Ich selber sitze zu häufig in

Gottesdiensten und fühle mich meiner Lebenszeit beraubt. An diesem sonntäglichen Raub möchte ich nicht teilnehmen. Ich möchte da stehen, weil ich der Überzeugung bin, dass es sich für dich lohnt heute da zu sein. Nicht, weil ich da bin. Nicht, weil man am Sonntag eben in die Kirche geht.

Sondern weil ich in dem Predigttext etwas gefunden habe, was dich und mich betrifft. Etwas, das über historische Darstellung und erklärende Hinweise zur Kultur der Juden zur Zeit von Jesus hinausgeht. Ich bin gespannt. Das Ergebnis kannst du dir im besten Fall in rund einer Woche anhören.

UNSER PROBLEM
IST DER GOTTESDIENST!

14. April 2017 - juhopma

Ich wünsche mir eine Kirche, die nicht nur ein paar bestimmte Milieus an Menschen erreicht. Ich wünsche mir aber auch eine Kirche der Einheit. Doch meistens scheitern wir an beidem. Dabei gäbe es durchaus eine Chance auf Einheit *und* milieu-sensible Kirche. Aber dafür müssen wir verstehen, dass der Gottesdienst unser Problem – und Essen die Lösung ist. #grundpfeilereins #einfachkirche #jetztgehteslos

Ich habe schon viele Gemeinden und etliche Gottesdienste erlebt. In Deutschland und der Welt. In Städten und auf Dörfern. In Freikirchen und Landeskirchen. Ultra-traditionelle Gottesdienste und super-moderne. Ich habe mit einer Handvoll und mit zehntausenden Menschen Gottesdienst gefeiert.

Ich behaupte, dass ich wirklich schon vieles gesehen habe. Manches hat mich angesprochen, anderes nicht. Einiges hat mich beeindruckt, vieles abgestoßen. Aber eine Sache fehlte quasi überall. Eine Sache, habe ich überall vermisst. Einheit. Wirkliche Einheit.

Mit Einheit meine ich milieu-übergreifende Arbeit. Ich meine mit Einheit, dass in einer christlichen Gemeinde „alle" Menschen zusammenkommen und nicht nur die, die sich eh leiden können. Jede Gemeinde, die ich bislang besucht habe, hatte ihren Haken hier. Bei der Einheit. Der fehlenden Einheit.

Bestimmte Menschen feiern gerne traditionell und singen anscheinend gerne zur Orgel. Andere Menschen singen gerne zu Schlagzeug und Bass. Manche suchen ganz ruhige, zurückhaltende Gottesdienste. Andere finden in Gottesdienst-Megaveranstaltungen mit großem Event-Charakter ihren Zugang zur Kirche.

Aus den Milieu-Studien kann man erkennen, dass unsere Gesellschaft deutlich unterschiedlicher ist, als sie es früher war. Konnte man früher z.B. grob mit drei Schichten die

Gesellschaft ganz gut darstellen, so ist es heute viel komplexer.

Für Kirche ist das spannend, denn wir erkennen, dass wir unglaublich milieu-verengte Kirche machen. In unsere Gottesdienste kommen fast immer nur ganz bestimmte Milieus.

Das gilt für 10-Uhr-Gottesdienste im traditionellen Gewand genauso wie für Lobpreis-Gottesdienste mit Band am Freitagabend. Es gilt auch für die sog. „frischen Ausdrucksformen von Kirche" (fresh expressions of church) – auch wenn ich diese an sich sehr schätze!

Woran das liegt? Am Gottesdienst.

Warum wir als Kirche daran scheitern, wirkliche „Einheit" zu sein? Am Gottesdienst.

In dem Moment, in dem wir einen Gottesdienst gestalten, feiern, die Musik festlegen, die Uhrzeit, den Ort und den Ablauf uns überlegen – da wird er milieu-verengend. Es gibt keinen Gottesdienst, der „alle" Milieus erreicht.

Du fragst dich, wo das Problem ist? Man muss hier kein Problem sehen und es gibt daher zwei ganz unterschiedliche Ansätze innerhalb der Kirche mit diesem „Befund" umzugehen.

Ansatz 1: Es ist uns egal.

Entweder sind zu viele von uns Pastoren und Kirchenleuten unwissend, oder blind – oder es ist ihnen einfach egal. Und ich habe die Befürchtung, dass es sehr häufig letzteres ist. Wir wissen zwar (bzw. wenn wir uns einmal kurz informieren, dann wissen wir es), dass unsere Gottesdienste nur sehr, sehr wenige Milieus (und damit Menschen) ansprechen – wir machen aber trotzdem weiter wie bisher. Und denken uns vielleicht, dass die Leute sich anpassen sollen. Dass sie schon kommen, wenn es sie wirklich interessieren würde. Oder dergleichen. Also: Ansatz 1: Wir sehen (vermutlich), dass wir super milieu-verengt sind. Aber wir tun trotzdem nichts.

Ansatz 2: Wir machen milieu-sensible Kirche

Hier wird gesehen, dass wir milieu-verengte Kirche sind – und es wird gehandelt! Ich finde diesen Ansatz wichtig und richtig! Denn er bedeutet, dass wir versuchen mit unseren Angeboten und Gottesdiensten auch die Milieus (und damit Menschen) zu erreichen, die wir mit unseren bisherigen, klassischen Angeboten nicht erreichen.

Es gibt nur einen Haken: Am Ende des Tages haben wir eine Kirche, die zwar – im besten Fall – ganz viele Milieus erreicht. Allein: Diese Menschen können gar nicht gemeinsam Kirche „sein". Wenn sie sich besuchten, dann würden sie das im besten Fall aus Interesse tun, aber nicht, weil ihnen das zusagt, was die anderen da machen. Es findet keine wirkliche Einheit innerhalb der Kirche statt.

Diese Nicht-Einheit gibt es ja im Großen (z.B. katholische und protestantische Kirche), aber eben auch im Kleinen bei uns innerhalb der protestantischen Kirche.

Gut, wir könnten sagen: Die Einheit ist der Inhalt. Also... vielleicht der Glaube an den Gott der Bibel. Irgendwas mit Jesus. Dann würden wir sagen: Es ist nicht wichtig, dass wir uns eigentlich nicht verstehen, nicht so ganz leiden können – solange wir im Namen des gleichen Gottes Gottesdienst feiern.

Das klingt ja auch erstmal nicht schlecht. Ich glaube aber, dass es noch besser geht.

Und das, das ist der Grundpfeiler #1 von *einfachkirche*. Und gleichzeitig Ansatz 3. Wobei Ansatz 3 eigentlich nur eine Sonderform von Ansatz 2 ist.

Ansatz 3: Milieugrenzen am Tisch überwinden!

Wenn ich in der Bibel von Jesus lese, dann scheint mir, dass er alle Leute an einen Tisch bekommen hat. Wenn ich in der Bibel von Jesus lese, dann scheint mir, dass er von einer „einheitlichen" Kirche gesprochen hat. Keiner, die sich in etliche Richtungen zerfleddert und nicht einmal zusammen Gottesdienst feiern kann.

Deshalb habe ich mich lange gefragt: Wie hat Jesus alle an einen Tisch bekommen? Wie hat er sich das gedacht? Bis das so offensichtliche mit einfiel: Er hat sie an einem Tisch zusammen bekommen.

Ich glaube, dass Tischgemeinschaft der Punkt sein kann, der Milieugrenzen innerhalb von Kirche überwindet. Tischgemeinschaft klingt nach Essen. Und das meine ich auch so. Richtig essen. Aber Tischgemeinschaft ist im christlichen Sinne mehr. Denn dazu gehört auch das Abendmahl.

Jesus, der „Fresser und Säufer" hat anscheinend unglaublich oft mit allen möglichen Leuten am Tisch gesessen und gegessen. Und er hat in einer solchen Runde das sog. Abendmahl eingesetzt. Alle christlichen Kirchen feiern das Abendmahl. Wohlgemerkt auf unterschiedliche Weise, aber sie feiern es.

Daher: Der Mittelpunkt von *einfachkirche* ist kein Gottesdienst. Sondern ein gemeinsames Essen, das in ein Abendmahl übergeht.

Gottesdienst feiern, das geht (dauerhaft) nur innerhalb der Milieugrenzen. Ich mag nun mal keine Orgel. Andere mögen nun mal keine Band. Wir werden nicht zusammenfinden. Ich singe nun mal nicht so gerne Lieder mit einer Sprache von vor ein paar hundert Jahren. Andere schon. Wir werden an dem Punkt nicht zusammenfinden.

Aber wir können uns zusammensetzen und essen. Und das Abendmahl gemeinsam feiern (und ja, ich werde noch erklären, wieso das Abendmahl meiner Meinung nach gerade etwas ist, was uns zusammenführt und nicht trennt!).

Wir können – schmatzend und kauend – eine Einheit sein. Verbunden sein. Zusammen lachen, zusammen essen. Sich kennenlernen. Reden. Erzählen. Und am Ende feiern wir zusammen das Abendmahl. Und danach? Danach gehen wir auseinander und feiern Gottesdienst in der Form, die für uns richtig ist. In der wir uns wohlfühlen.

Weißt du, was ich spannend finde? Nachdem Jesus auferstanden ist, da geht er mit Leuten, die ihn eigentlich kennen, zusammen ein Stück des Weges. Stundenlang vermutlich sogar. Sie erkennen ihn nicht. Erst als sie am Abend zusammensitzen und essen, da erkennen sie ihn.

Gemeinsames Essen – das war das Markenzeichen von Jesus. Daran hat man ihn erkannt.

Und ich glaube, dass in diesem gemeinsamen Essen, die Chance für die Einheit unserer Kirche liegt.

Markenzeichen: Essen. Gemeinsames Essen.

Das ist der erste Grundpfeiler der *einfachkirche*. Einer milieu-übergreifenden Kirche der Einheit. Einer Kirche, die je Milieu sehr unterschiedliche Angebote machen kann und trotzdem zum gemeinsamen Essen und Abendmahl eine Einheit ist.

VERGESST ES:
IN DIESER KIRCHE
WIRD SICH NICHTS VERÄNDERN

7. Mai 2017 - juhopma

Bis vor kurzem habe ich wirklich geglaubt, dass Kirche sich verändern kann. Ja, manchmal habe ich sogar geglaubt, dass sie es will. Vermutlich war es naiv. Vielleicht auch einfach nur dämlich. Anscheinend ist es vor allem eines: falsch.

Eine gute Nachricht vorweg: Wenn du dich in bestehenden Formen und Strukturen der Kirche wohl fühlst, dann musst du dir keine Sorgen machen. Für dich wird Kirche weiterhin da sein. Versprochen.

Die schlechte Nachricht für alle anderen: Du bist der Kirche eigentlich ziemlich egal. Um es mal positiv zu formulieren.

Ich bin Vikar, also angehender Pastor. Rund 2 ½ Jahre bildet die Kirche mich aus. In meinem Fall die Evangelische Kirche in Norddeutschland. Nach sechs Jahren Theologiestudium ist das die praktische Phase der Ausbildung.

Sie bildet natürlich nicht nur mich aus, sondern noch einige andere Vikare und Vikarinnen. Wir sind die Pastoren und Pastorinnen von morgen. Und vielleicht sogar übermorgen. Wir werden diejenigen sein, die Kirche prägen können.

In diesem Sinne ist die Ausbildungszeit als Vikar natürlich eine weichenstellende Zeit. Was wir jetzt lernen, was man uns jetzt beibringt, das können wir am Ende des Vikariats. Und wir werden, mit dem was wir können, die Kirche von morgen prägen.

In diesem Sinne ist ein Blick ins Vikariat und in die Ausbildung als Vikar auch ein Blick in die Zukunft der Kirche. Was kommt da für Nachwuchs? Auf was darfst du dich freuen oder wovor solltest du Angst haben?

Um es kurz zu sagen: Du musst keine Sorge vor Veränderungen haben. Zumindest was den Gottesdienst angeht. Du kannst dir sicher sein, dass wir mehr oder weniger die gleichen Lieder weiterhin singen. Wir werden weiterhin den Pastor und die Pastorin als heimlichen Priester und klaren Mittelpunkt des Gottesdienstes verehren. Wenn du die bisherige Liturgie magst, dann wirst du auch weiterhin glücklich sein.

Solltest du jedoch manchmal im Gottesdienst sitzen und dir kommt die „Choreografie" irgendwie seltsam vor, dann wird das auch weiterhin so bleiben.

Wie ich auf die Idee komme? Weil man uns erst gar nicht was anderes beibringt. Die Pastoren und Pastorinnen von morgen lernen eines: Das bestehende System muss erhalten bleiben. *Never change a running system* ist in der Kirche zu *Never change our system* verkommen. Denn gerannt wird ja eigentlich nur in eine Richtung. Raus aus der Kirche.

In der letzten Woche wurde meinem Vikariatskurs Liturgie „beigebracht". Also alles, was im Gottesdienst so passiert und vorkommt... wer wann was singt, wer wann was antwortet, wo man aufsteht und wo nicht... etc. etc.

Gleich zu Beginn dieser Liturgie-Ausbildungswoche wurde uns recht deutlich gemacht, dass kaum jemand versteht, was wir da im Gottesdienst tun. Es sei „codierte Sprache". Anstatt die Sprache aber zu entschlüsseln, setzt die Ausbildung der Nordkirche lieber darauf, dass wir lernen, diese codierte Sprache zu sprechen.

Natürlich versteht die hinterher dann immer noch keiner in der Gemeinde. Wir aber eben schon.

Nun muss ich sagen, dass ich gar nicht gegen unsere aktuelle Liturgie bin. Und auch nicht gegen die Gottesdienstform, die aktuell in quasi jeder Kirche am Sonntagmorgen gefeiert wird. Es gibt ja (immer noch) Menschen, die genau deshalb kommen. Die sich dort wohl fühlen.

Allein: Wie viele sind es im Verhältnis?

Wenn ich mich recht erinnere, dann sagte unser Dozent, dass 95% der Leute unsere Sprache und unsere Liturgie nicht verstehen. Das würde bedeuten, dass wir aktuell *ein* Angebot in der Kirche für 5% unserer „Zielgruppe" anbieten.

Es ist ja wirklich nicht verkehrt, für diese 5% ein Angebot zu machen. Nein, das sollten wir bewahren und fortführen. Aber was ist denn bitte mit den 95%?

Natürlich habe ich gefragt, ob wir als Vikare und Vikarinnen auch lernen, wie wir (liturgisch) die restlichen 95% erreichen können.

Mir wurde versichert, dass man meine Frage verstehen würde, aber dass wir in der Ausbildung das bestehende System lernen sollen. *Never change our system*. Das haben wir schon immer so gemacht. Und noch gibt es doch Leute, denen es gefällt.

Paulus, der erste große Missionar der Christen, hat mal geschrieben: „Ich bin allen alles geworden". Meine

Ausbildung sagt mir: „Wir sind allen eines geworden". Wir kennen nur eines. Wir lernen nur eines.

Alle Vikare und Vikarinnen, alle Pastoren und Pastorinnen von morgen, lernen eines. Das erhalten, was besteht. Das Fortführen, was da ist.

Ich dachte immer, Kirche könne sich verändern. Inzwischen glaube ich, dass sie es gar nicht will. Sie gibt sich nicht einmal Mühe. Wenn nicht einmal wir als Vikare und Vikarinnen in der Ausbildung frischen Wind lernen, woher soll er dann kommen?

Ist die Idee, dass wir nach der Ausbildung plötzlich alle eine Geisteingebung bekommen und anfangen, für die anderen 95% uns Gedanken zu machen?

Gott ist nach christlichem Verständnis gleich drei Personen in einem. Er ist irgendwie Gott, so ein Schöpfer, Allmächtiger, Vater, Herrscher.... Er ist aber auch Jesus. Mensch. Und dann auch noch Geist. Wie auch immer wir uns das vorstellen dürfen.

Und dann kommen wir als Kirche. Und wir schaffen es noch nicht einmal, unsere Gottesdienste von Grund auf vielseitig anzulegen. Wie hält der vielseitige Gott es nur mit dieser einseitigen Kirche aus? Naja, er wird schon einen Weg gefunden haben... ich aber noch nicht.

Wir machen lieber weiter. Wie immer. Da kommt keine frische Jugend. Kein Wind in die Segel. Wir reiten das Pferd, das wir schon immer geritten haben. Obwohl die Weide voller kräftiger, anderer Pferde ist. Und vielleicht werden wir eines Tages feststellen, dass wir schon seit Jahren auf einem Pferd reiten, das längst tot ist. Aber vermutlich merken wir das erst, wenn dann wirklich keiner mehr kommt.

Und dann wird die Frage nicht mehr sein, ob wir uns verändern wollen oder ob wir uns verändern können. Dann werden wir uns verändern müssen.

Aber bis dahin... vergiss es einfach mit der Veränderung in der Kirche.

So kann ich das natürlich nicht stehen lassen. Zum einen erlebe ich ja nur die Evangelische Kirche in Norddeutschland. Vielleicht sieht es ja woanders besser aus. Zum anderen... Kirchen kommen und Kirchen gehen. Diese Kirche geht ganz offensichtlich. Naja, bzw. sie bleibt. Auf eine Art. Also, die Erde dreht sich weiter – nur bitte ohne uns.

Diese Kirche hatte ihre Zeit. Wie Nokia. Eine Zeitlang war Nokia der große Player. Heute eben nicht mehr. Aber Telefone gibt es ja noch. Die Landeskirche, wie sie aktuell ist, scheint den Sprung genauso wenig zu schaffen wie Nokia.

Aber damit geht die Welt nicht unter. Und das Christentum auch nicht. Es wird andere Formen geben. Andere Organisationen. Irgendwann werden schlaue Leute analysieren, warum es mit der Kirche bergab ging. Wann wer verpasst hat an morgen zu denken. Und ich tippe darauf, dass es ungefähr heute gewesen sein wird.

Aber diese schlauen Leute werden dann auch aufzeigen können, was stattdessen entstanden ist. Wie der Glaube sich erhalten hat. Wie neue christliche Gemeinschaften entstanden sind.

Wenn ich auf die letzten rund 2000 Jahre Kirchengeschichte zurückblicke, dann entspanne ich mich. Denn... Kirche vergeht. Und Kirche entsteht. Vor allem: Kirche überlebt.

Wobei. Nein, eigentlich ist es nicht die Kirche. Es ist die „Gemeinschaft der Gläubigen". Es ist die Botschaft der Christen. Und letztlich geht es ja um sie. Und nicht um irgendeine Kirche, die eben gerne noch ein paar Jahrzehnte tote Pferde reiten möchte.

Aber bei der Schweinerei muss ich wirklich nicht mitmachen.

PASTOREN,
LASST DIE PROFIS RAN!

30. Mai 2017 - juhopma

Pastoren können alles. Und Pastorinnen natürlich auch. Es gibt nichts auf der Welt, was wir nicht können. Ja, wir sind so gut in allem, dass wir es uns sogar selber beibringen. Wozu braucht man schon Experten oder Profis, wenn man Pastoren und Pastorinnen hat? Ja, warum gibt es überhaupt noch andere Berufe, wo wir doch schon alles können?!

Vielleicht wusstest du es noch nicht, aber: ich kann schon bald alles. Ja, es wird nichts geben, was du dann noch besser kannst als ich. Denn: Schon bald bin ich Pastor. Und da sieht dann sogar Chuck Norris schlecht aus.

Als Pastor kann ich gut reden. Ich kann singen. Ich bin für Menschen da, wenn es ihnen nicht gut geht. Ich finde immer die richtigen Worte. Ich kann vor vielen Leuten selbstbewusst auftreten. Ich kann hervorragend leiten! Und organisieren. Projekte planen. Und meine Fähigkeiten in der Verwaltung... ganz ausgezeichnet! Und hast du schon mal gesehen, wie gut ich mit Kindern und Jugendlichen kann? Oder jungen Erwachsenen? Und Familien! Und mit den Senioren erst... ! Und Finanzen... also wenn du jemals Fragen hast: frage mich! Ach, und im Bauwesen bin ich natürlich auch Experte. Logisch.

Wenn ich erstmal Pastor bin, dann wird es in meiner Gemeinde niemanden geben, der irgendetwas besser kann als ich. Ich werde jeden Ausschuss leiten und in jedem Bereich der Gemeinde etwas zu sagen haben. An mir wird einfach keiner vorbeikommen. Wie auch? Wie soll das auch gehen, bei einem so unglaublich breit ausgebildeten Menschen?!

Früher habe ich mich oft gefragt, wieso Pastoren einfach alles können. Inzwischen weiß ich es. Unsere Ausbildung ist einfach so unglaublich vielseitig. Wir lernen alles. Wirklich alles. Und weil wir so gut sind, müssen wir auch gar nicht tief in die Materie einsteigen. Ein Crash-Kurs Pädagogik? Zack, Lehrer. Projektmanagement? Schon nach ein paar oberflächlichen Stunden sind wir Experten. Toll, oder?

Schade, dass nicht alle Menschen so schnell Experten für alles werden können... Aber wir sind ja auch schon durch unser Studium exzellent vorbereitet. Von daher ergibt es alles auch irgendwie Sinn.

Und das Beste kommt ja noch: Weil wir Pastoren so unglaublich vielseitig gebildet sind und alles können, muss man in der Ausbildung ja auch gar keine Experten oder Profis für die jeweiligen Gebiete einladen. Das ist ja auch völlig logisch! Es gibt doch schon andere Pastoren, die alles können. Also kann man die doch einladen und die zukünftigen Pastoren ausbilden.

Ach, das ganze Leben ist so einfach und praktisch, wenn man alles kann... und später in der Gemeinde macht es die Sache auch so schön simpel.

Und mit weniger Polemik und Ironie? Eigentlich können wir nichts. Wir haben Theologie studiert. Und das heißt fast immer, dass wir mindestens sechs Jahre lang zwar irgendwas gemacht haben, aber eigentlich nichts, was man als Pastor so richtig gebrauchen kann.

Klar, wir sind – im besten Fall – gute Theologen. Wir können weit und breit denken. Können Texte erfassen. Wir sind ganz sicher nicht dumm. Aber... wenn wir es auf die Praxis beziehen? Dann... sind wir nicht ausgebildet als Seelsorger oder Pastoren. Wir haben keine Leitungsfähigkeiten und sind ganz sicher keine Pädagogen.

Eigentlich haben wir nur sechs Jahre lang daran gearbeitet, die Zugangsvoraussetzung zum Vikariat zu erlangen. Und dann? Dann kommt die praktische Ausbildung? Ja, in der Theorie natürlich schon.

In der Realität hüpfen wir von Thema zu Thema ohne irgendwo einmal auch nur kurz anzuhalten. Wir hören von allem Möglichen, wirklich lernen bzw. erlernen, Fähigkeiten erlangen, Kompetenzen erwerben sieht ganz sicher anders aus.

Und anstatt in der Ausbildung Profis und Experten auf ihren jeweiligen Gebieten einzusetzen, zieht man es in den allermeisten Fällen vor, uns von Theologen/Pastoren (und natürlich auch die weibliche Form) ausbilden zu lassen. Und so lernen wir von fachfremden Dozenten oberflächlich etwas über Soziologie. Zum Beispiel. Warum eigentlich nicht von einem Soziologen?

Weißt du, was ich bislang kann? Theologie „treiben". Ich kann mich in einer Predigtvorbereitung in der Theologie verlieren. Das kenne ich aus dem Studium. Darin bin ich geschult. Kurz danach hören meine durch Studium und Vikariat erlernten Fähigkeiten und Kompetenzen aber auch auf.

Wie wäre es, wenn wir das auch einfach mal ehrlich kommunizieren?

Wir Pastoren und Pastorinnen können nicht alles. Nein, um ehrlich zu sein, können wir ganz schön wenig. Und vielleicht gerade deshalb, weil wir aus irgendeinem Grund alles können sollen.

Manchmal ist weniger dann eben doch mehr. Das kennt man doch auch aus dem Urlaub. Du kannst in der einen Woche versuchen alles anzuschauen und am Ende hast du irgendwie nichts richtig gesehen.

Wenn ich für diese Woche beim Sams noch einen Wunsch frei habe, dann würde ich mir gerne wünschen: Weniger ist mehr. Auch in der Ausbildung. Wir müssen nicht alles sehen und alles vermeintlich können.

Es wäre doch ein Anfang, wenn wir am Ende der Ausbildung wenigstens eine Sache richtig könnten. Und für alles andere... lassen wir die Profis ran. Deal?

LASST DIE KIRCHE IM DORF!
(UND AUCH IN DER STADT!)

15. Juni 2017 - juhopma

Es kommen immer weniger Menschen in die Kirche. Kirche hat immer weniger Geld. Und zu viele Gebäude. Beliebte Reaktion: Gemeinden zusammenlegen, Gebäude verkaufen. Klingt häufig vernünftig – und trotzdem bin ich dagegen. Ein Plädoyer für den Erhalt unserer Kirchen. Koste es, (fast) was es wolle!

Ja, es ist wirtschaftlich gesehen mit Sicherheit vernünftig. Und die Sparkassen, Banken und die Post machen es ja genauso. Wenn die Nachfrage in einer Region sinkt und sich eine Filiale nicht mehr rechnet, dann schließt man gerne mal diese Filiale. Oder legt zwei zusammen. Dann gibt es eben nur noch eine Bankfiliale für die Region und nicht mehr in jeder Stadt eine.

Nach dem gleichen Prinzip arbeiten wir in Kirche auch häufig. Bei Gebäuden und bei Pastoren. Soweit ich das sehen kann, gilt auf dem Land meistens: wir erhalten die Kirchgebäude, aber reduzieren die Pastoren, bzw. legen die Gemeinden zusammen. Das führt dann dazu, dass eine Gemeinde plötzlich aus sieben Kirchen besteht und der eine Pastor „bespielt" alle sieben. Nicht an jedem Sonntag natürlich. Da gibt es verschiedenste Konzepte... z.B. dass Gottesdienste „kreisen" und mal hier und mal da stattfinden. Oder 2-3 hintereinander am Sonntag zu verschiedenen Zeiten.

In der Stadt (zumindest aus Hamburg kann ich das sicher sagen) scheint mir ein etwas anderes Prinzip zu gelten: Gemeinden werden zusammengelegt – Gebäude aber gerne auch mal abgestoßen. Verkauft, abgerissen oder umfunktioniert. Vielleicht liegt es daran, dass die Grundstücke einfach so viel wert sind... ich weiß es nicht. Ist aber auch letztlich egal.

Entscheidend ist: In immer mehr Fällen haben wir zu viele Kirchen für die wenigen Leute, die noch zu uns kommen. Und so eine Kirche zu behalten, das kostet. Instandhaltung, Heizkosten und so einiges mehr. Irgendwie klingt das ja nur logisch und vernünftig, dass man sich da von Gebäuden trennt. Quasi die Gebäude der Menge an Menschen anpasst.

Trotzdem bin ich dagegen. Warum? Weil wir es, glaube ich, noch bitter bereuen werden. Und weil wir damit selbst dazu beitragen aus der Gesellschaft zu verschwinden. Und zwar so richtig.

Ja, es kommen nicht mehr so viele Leute zu uns. Aber trotzdem kenne ich genug Menschen, die in Krisenzeiten durchaus einen Pastor aufsuchen. Oder sogar eine Kirche. Vor kurzem erzählte mir ein Mann, dass Kirche an sich nichts für ihn sei. Aber manchmal, da gehe er in die Kirche und genieße die Ruhe. Einfach da sitzen. Zur Ruhe kommen. Er glaube ja schon irgendwie an Gott und in diesen Momenten, da fühle er sich ihm nahe.

Ja, es kommen nicht mehr so viele Leute zu uns in die Gottesdienste und in die Veranstaltungen. Aber ich glaube es werden auch nicht mehr, wenn wir quasi unsere „Leuchtreklame" abreißen, umfunktionieren oder anderweitig abgeben. Unsere Kirchen, und ich meine jetzt wirklich Kirchen und nicht irgendwelche hässlichen Gemeindehäuser, stehen noch für etwas. Klar, für etwas Altes. Aber wer sagt, dass die Menschen nicht genau das auch manchmal suchen? Wer sagt, dass die Menschen es nicht wieder mehr suchen?

Ja, die Zeiten ändern sich. Und ja, ich bin dafür, dass wir als Kirche mitgehen und uns ändern. Aber lasst uns woanders anfangen, als bei den Kirchen. Wenn niemand mehr in den Gottesdienst kommt? Dann feiern wir eben dort keinen Gottesdienst mehr. Und versuchen dafür die Kirche so viel wie möglich zu öffnen. Als „Ruheraum" für all die gestressten Menschen da draußen. Diese Kirche muss nicht von Pastoren „begleitet" werden. Diese Kirche muss nicht geheizt sein, die Orgel nicht top in Schuss sein... aber vielleicht gibt es von Ehrenamtlichen geleitete Gebete. Ein Morgengebet, ein Mittagsgebet, ein Abendgebet... die Gedanken sind frei, oder nicht?

Ja, es kommen immer weniger Menschen zu unseren Veranstaltungen. Aber zumindest in der Großstadt könnten wir mit unseren Kirchen Oasen der Ruhe und Stille sein. Und zwar erstmal einfach als Orte. Als Orte, die geöffnet haben. Als Orte, in denen Menschen „heraustreten" können aus dem Leben da vor der Kirchtür.

Ja, Kirchen sind alt und haben eine miese Akustik und wirklich wohl fühlen tue ich mich selten darin. Und ja, ich denke, wir sollten echt raus aus den Gebäuden. Raus zu den Menschen und dort Gottesdienst feiern. Aber... lasst uns unsere Gebäude nicht vorschnell aufgeben. Sondern das nutzen, wofür sie noch stehen. Das nutzen, was Menschen noch mit ihnen verbinden. Positives verbinden.

Und dafür sollten wir sie öffnen und nicht abschließen. Dafür müssen wir auch keinen teuren Pastor an jeder Kirche bezahlen. Und... dafür sollten wir sie behalten.

Ja, es ist teuer sie zu erhalten. Aber dann lasst uns einen Weg finden, sie zu finanzieren. Was muss sein, was nicht? Pastorat und Gemeindehaus? Damit verbinden die Menschen nicht das, was sie mit der Kirche verbinden... warum also unseren Gebäudefuhrpark nicht entschlacken, aber die Kirchen behalten?

Und ja, lasst sie uns als Zeichen behalten. Dass wir noch da sind. Als Kirche. Lasst uns die Kirche im Dorf lassen. Und gefälligst auch in der Stadt. Das Problem sind am Ende doch nicht die Gebäude, sondern dass wir nicht wissen, wie wir sie gut nutzen sollen. Denn es fühlt sich natürlich komisch an und ist finanziell schwer haltbar, wenn wir mit 20 Leuten in einer Kirche mit 300 Plätzen sitzen.

Daher... mein kleines Plädoyer: Lasst uns Kirchen für das nutzen, was eigentlich nur sie als Kirche können. Und das ist mindestens ein Zeichen sein. Aber sicherlich auch Orte der Ruhe. Orte, von denen man erwartet, dass man hierherkommen kann, wenn wirklich nichts anderes mehr geht. Es sind Orte, an denen die meisten Menschen wohl immer noch erwarten würden, dass man da mit diesem Gott

– sofern es ihn denn doch geben sollte – irgendwie Kontakt aufnehmen könnte.

Wollen wir uns wirklich dieses Zeichens und dieser Chance berauben? Ich... bin auf jeden Fall dagegen!

ICH GEHE NICHT GERNE
IN DEN GOTTESDIENST

7. Juli 2017 - juhopma

Ich bin angehender Pastor. Und ich kann mit den meisten Gottesdiensten nichts anfangen. Ein Einzelfall? Ich glaube nicht. Trotzdem interessiert das keinen so richtig. Der Pastor hat den Gottesdienst zu halten. Und zwar *den* einen bestimmten. Ob er will oder nicht. Kein Wunder, dass unsere Gottesdienste so voller Leidenschaft stecken. #popupchurch

Vor kurzem lief im Fernsehen eine Dokumentation über den „Alltag eines Pfarrers" (so die Beschreibung). Unter dem Titel „´7 Tage... im Auftrag des Herrn" begleitete ein Journalist einen Pastor/Pfarrer auf seiner ersten Dienststelle. Den Journalisten trieb u.a. um, wieso von den sog. jungen Leuten, so wenige in die Kirche kommen. Er fragt den Pastor, ob das verstehen könne, dass von seiner Generation wenige in die Kirche kommen. Der Pastor antwortet, dass er das durchaus verstehen könne. Er gehe auch erst seit einem Jahr regelmäßig in den Gottesdienst.

Kurz danach höre ich eine Andacht einer Pastorin. Sie hält die Andacht bei einem regionalen Pastorentreffen. Sie nimmt auch auf diese Dokumentation Bezug. Und erzählt, dass sie am Sonntagmorgen auch lieber zum Yoga als in den Gottesdienst gehen würde.

Ich könnte beide Kollegen verurteilen. Wie kann das nur sein? Sind Pastoren und gehen selber anscheinend gar nicht so richtig gerne in den Gottesdienst? Der eine erst, seitdem er muss, die andere wäre lieber beim Yoga? Aber... mir geht es genauso. Und ich kenne nicht wenige Vikare, denen es auch so geht.

Ich bin geneigt, mit „wir" weiterzuschreiben. Bleibe aber sicherheitshalber beim „Ich". Also: Ja, ich gehe nicht gerne in den Gottesdienst. Zumindest in das, was mir meistens als Gottesdienst verkauft wird. Warum? Weil es mir nichts gibt.

Es ist keine Heimat für mich. Kein Ort zum Auftanken. Es entspricht nicht meiner Spiritualität.

Klar, das liegt auch an der Uhrzeit. Sonntagmorgen. Es versaut mir schon den Samstagabend, wenn ich weiß, dass ich am nächsten Tag früh aufstehen muss. Und ja, es liegt an der Musik. Den Liedern, den Instrumenten – dem Instrument. Es liegt an den Predigten, die meistens nur eine Funktion für mich haben: Ich habe Zeit, um mal in Ruhe über etwas anderes nachzudenken. Z.B. was in der nächsten Woche ansteht. Und ja, es liegt an der Liturgie. Eigentlich ist da fast nichts, was mich anspricht. Außer vielleicht die Gemeinschaft. Aber... die bekomme ich ehrlich gesagt woanders meistens auch in besserer Qualität.

Manchmal sitze ich mit anderen Vikaren zusammen und wir schütteln den Kopf, dass ausgerechnet wir jetzt Gottesdienste gestalten und feiern sollen. Wo wir doch selber damit nichts anfangen können. Und auch noch nie konnten.

Also: Ja, auch ich verstehe, dass meine Generation und so viele andere Menschen anderer Generationen nicht am Sonntag in den Gottesdienst gehen. Sie haben mein tiefstes Verständnis.

Und nun?

Manchmal bekomme ich zu hören, dass ich dann den falschen Beruf ergriffen hätte. Manchmal bekomme ich zu hören, dass ich den Gottesdienst eben noch nicht verstanden hätte. Bzw. dass der Appetit beim Essen käme. Ja, ich kenne viele Pastoren, denen ging es ähnlich wie mir. Sagen sie zumindest. Und dann schauen sie mich großväterlich an und sagen, dass jetzt, nach 25 Jahren Dienstzeit, sie den Gottesdienst zu schätzen gelernt hätten. Das würde bei mir auch noch passieren.

Was ich eigentlich nie zu hören bekomme, ist dass man mich ernst nimmt. Dass da jemand die Situation ernst nimmt. Denn, das sollte ja jedem klar sein: Je mehr Leute den Gottesdienst gestalten, die damit eigentlich selber nichts anfangen können, desto mehr Menschen werden auch von diesem Gottesdienst vermutlich nicht überzeugt sein.

Ich kenne genug Pastoren und genug Vikare, die voller Begeisterung und Herzblut und Leidenschaft eben diesen Gottesdienst feiern und genießen, mit dem ich nichts anfangen kann. Und ich bin mir sicher, dass da am Ende „bessere" Gottesdienste bei rumkommen, als bei denen – wie mir – die es am Ende mehr als Arbeit oder Pflicht erfüllen, denn aus Leidenschaft.

Nun könnte man natürlich auf die Idee kommen, dass man dieses Potential nutzt. Da sind ganz offensichtlich Menschen in der Kirche, die fühlen tatsächlich wie der Großteil der Menschen außerhalb der Kirche. Ja, die Kirche hat Pastoren und angehende Pastoren, die gehen aus den gleichen Gründen nicht zum Gottesdienst, wie so viele andere Menschen.

Und vielleicht wäre es ja eine Idee, dass wir dieses Potential nutzen. Um Gottesdienste zu entwickeln, die für diese Pastoren und diese Menschen passen.

Und das heißt vielleicht, dass die Pastorin am Sonntag zum Yoga geht. Oder dass der Gottesdienst nur einmal im Monat stattfindet, weil es für viele eine Überforderung ist, an jedem Sonntag hinzugehen. So wie es auch eine Überforderung ist, dass ein Pastor jeden Sonntag eine neue (gute) Predigt halten soll.

Also, ganz praktisch: Wie kann so ein Gottesdienst aussehen? Und wo findet er statt? Und was findet in ihm statt?

Genau diese Fragen stellen einige meiner Mit-Vikare und ich uns seit einiger Zeit. Wir wollen wissen, wie Gottesdienst, wie Kirche, für die aussehen kann, die mit dem bisherigen Mainstream-Angebot nichts anfangen können. Wir haben das Projekt popupchurch genannt.

Eine Kirche, die immer woanders aufpopped. Zu verschiedenen Zeiten an verschiedenen Orten. Und eine Kirche, die erstmal mit quasi nichts daherkommt. Keine Mitgliedschaft. Keine Verbindlichkeit. Keine Liturgie. Keine Musik. Kirche – erstmal auf das Minimum reduziert.

Wir stehen ehrlich gesagt absolut am Anfang mit dem Projekt. Es ist eine Baustelle. Ein Projekt mit offenem Ende. Keine Ahnung, wohin uns die Reise führt. Aber wenn du mit uns mitdenken willst, die Idee spannend findest... dann schreibe mir. Melde dich. Wir freuen uns über Mitdenker. Mitstreiter. Oder schau auf popupchurch.de vorbei.

EINE KIRCHE
OHNE
ECKEN UND KANTEN

20. September 2017 - juhopma

Es ist schon eine Weile her. Ich saß in der S-Bahn und fuhr nach Hause. Neben mir ein Mann. Glatze. Kantiges Gesicht. Ein großes Holzkreuz auf dem Schoß und eine dicke Bibel in der Hand. Mein einziger Gedanke? Gott, lass diesen Mann jetzt einfach still sitzen bleiben bis ich ausgestiegen bin. Meine Sorge? Ein peinlicher Moment für mich. Erst später fiel mir auf, dass meine Gedanken das eigentlich Peinliche an der ganzen Situation waren.

Wer aus Hamburg kommt, der kennt vermutlich diesen Mann. Er steht gerne in der belebtesten Einkaufsstraße Hamburgs. Wobei stehen eine Untertreibung ist. Er geht durch die Gegend und spricht laut (man könnte manchmal auch durchaus „brüllen" sagen) über Gott, die Bibel und dass es Zeit ist an diesen Gott zu glauben.

Ich habe noch niemanden getroffen, der positiv über diesen Mann spricht. Meine eher nicht zur Kirche gehenden Freunde finden ihn komisch. Die eher zur Kirche gehenden Freunde meistens peinlich. Manche finden ihn auch richtig schlimm. Und ich kann das durchaus verstehen.

Er wirkt nicht gerade sympathisch. Eher einschüchternd. Seine Wortwahl scheint drastisch. Es fallen Worte wie „Umkehr" oder „Endgericht". Ich habe ihm noch nie lange zugehört, deswegen weiß ich gar nicht, ob er richtig Predigten hält oder stundenlang das gleiche ruft. Ich weiß auch nicht, ob er nicht auch zwischendurch „schöne" Sachen sagt. Bei mir ist der Eindruck hängen geblieben, dass er eher droht, als einzuladen.

Vor allem ist bei mir hängen geblieben, dass irgendwie niemand gut über ihn spricht.

Und dann sitze ich eines Tages neben diesem Typen in der S-Bahn. Es ist feierabendverkehrvoll. Ich bin froh einen Sitzplatz zu haben. Aber doch nicht neben ihm! Ich werde sofort nervös. Meine Güte wäre das peinlich, wenn er jetzt anfängt hier laut zu predigen. Den Leuten was von Gott erzählt.

Ohne Scheiß: ich habe angefangen zu beten, dass Gott ihn bitte ruhig sitzen lassen möge. Und je länger ich darüber nachdenke, desto mehr muss ich den Kopf schütteln. Meinetwegen.

De facto blieb er ruhig sitzen (yeah, Gebetserhörung...). Aber er schlug die Bibel auf und las leise vor sich hin. Und so saßen wir da. Er die Bibel lesend. Ich „gegen" ihn anbetend.

Mir geht diese Szene nicht mehr aus dem Kopf. Weil ich denke, dass wir eigentlich das gleiche Ziel haben. Wir wollen beide das Gleiche. Wir scheinen beide von der „Frohen Botschaft" überzeugt zu sein. Wir haben sie anscheinend für uns als richtig, wichtig, irgendwie so lohnenswert empfunden, dass wir anderen davon erzählen möchten.

Und doch... bete ich gegen ihn an?

Ich werde hier nicht werten, ob ich oder der Mann etwas richtiger oder schlechter machen. Ja, meine Sorge ist, dass der Mann mehr „kaputt" macht, als dass er wirklich Menschen einlädt. Aber was ist, wenn diese Sorge nur daher kommt, dass ich ordentlich „weichgespült" bin?

Keine Sorge, ich will kein „Hardliner" werden. Ich werde mich in diesem Leben auch nicht auf die Straße stellen und laut aus der Bibel vorlesen. Aber ich werde die Sorge nicht los, dass wir als Kirche (und ich als Teil dieser Kirche) über die Jahrhunderte, gerade vielleicht das letzte, uns selber weichgespült haben.

Weg mit den Kanten. Das Eckige soll zum Runden werden. Lasst uns als Kirche bloß nicht irgendwo anstoßen. Stellung beziehen wir nur, wenn es absolut sicher ist und wir mit dem Mainstream schwimmen können.

Es ist keine Kante, wenn wir für Flüchtlinge eintreten. Es ist nicht eckig, wenn wir gegen Krieg sind. Das ist Mainstream und fällt kaum noch jemandem auf.

Jedes Mal, wenn ich diesen Mann in Hamburg sehe, dann denke ich an Paulus. Den ersten großen christlichen Missionar. Und an die Jünger von Jesus. Und frage mich, wer von uns beiden Paulus und den Jüngern ähnlicher ist.

Und ich frage mich, ob es nun eher gut oder schlecht ist, wenn man den Jungs von damals heute (noch) ähnlich ist.

Gestern sah und hörte ich den Mann wieder laut sprechen. Vor dem Hauptbahnhof. Ich hörte, wie er davon erzählte, dass er sich vor 20 Jahren bekehrt hat. Dass er jeden Tag nach der Arbeit – vom Bau – noch seiner zweiten Leidenschaft nachgeht. Von Jesus erzählen.

Und ich empfand auf einmal so etwas wie Sympathie für ihn. Mein neues Ziel: Ihn mal auf einen Kaffee einladen. Mit ihm sprechen. Warum? Weil ich glaube, dass uns als Kirche und mir ganz persönlich ein paar mehr Ecken und Kanten gut tun.

IST DAS KIRCHE
ODER
KANN DAS WEG?

5. Oktober 2017 - juhopma

Kirche kann manchmal alles. Und irgendwie auch nichts. Aber: Was ist Kirche eigentlich? Und was nicht? Ein Plädoyer für eine ernsthafte und kritische Analyse. Über das was Kirche ist und was nicht. Und ein Plädoyer für Mut. Mut zum Wegwerfen. Denn: Ich bin mir sicher, dass da so einiges weg könnte.

Ist das Kunst oder kann das weg? Die Antwort auf diese Frage ist bekanntermaßen eher subjektiv zu entscheiden. Für manche ist ja gerade das, was andere wegwerfen, Kunst. Kunst kann alles, Kunst darf alles, Kunst ist alles. Naja, oder so ähnlich.

Aber wie ist das mit Kirche? Ist alles Kirche, nur weil es in Kirchen stattfindet? Ich meine: Ist alles Kunst, nur weil es in einem Museum ausgestellt ist? Nun bin ich kein Kunst-Experte und kein Kirchen-Experte und doch würde ich sagen: Sowohl in der Kunst als auch in der Kirche kann man sich streiten. Was denn nun Kunst sei und was Kirche sei.

In beiden Fällen wird man keine Antwort finden, die alle überzeugt, mit der alle glücklich sind – und trotzdem ist in beiden Fällen die Diskussion darüber ja durchaus wichtig.

Denn wenn alles Kunst ist, dann ist nichts mehr Kunst. Und wenn alles Kirche ist, dann ist letztlich nichts mehr Kirche.

Was ist nun also Kirche? Was macht für dich Kirche aus?

Ein Gottesdienst? Ein christlicher Bezug in der Veranstaltung? Also... ist alles Kirche, wenn wir eine Andacht davor schalten? Oder geht es noch niedrigschwelliger? Reicht es schon, wenn die Veranstaltung in kirchlichen Räumen stattfindet? Oder ist Kirche alles, was Christen tun? Oder alles, wo die Kirche irgendwie beteiligt ist – sei es auch nur mit Geld? Muss es immer um Gott gehen oder nicht?

Ist ein Kinoabend in der Gemeinde Kirche? Wegen der Gemeinschaft? Und wenn exakt die gleichen Leute sich nun zuhause bei mir treffen und einen Film schauen – ist das dann immer noch Kirche?

Wenn ich manchmal durch Gemeindebriefe blättere, mir ansehe, was Gemeinden so machen... dann stelle ich mir die Frage: Ist das eigentlich noch Kirche oder kann das weg?

Da werden Kindergruppen für jedes Alter angeboten, Sportgruppen, Pfadfinder, Jugendgruppen, Bastelgruppen, Selbsthilfegruppen – ja also wenn wir was können: dann Gruppen. Gruppen in jeglicher Art und Form. Und ist das alles Kirche?

Ich habe keine Antwort auf diese Frage. Aber eine Meinung. Und eine These. Naja. Eigentlich drei Meinungen und drei Thesen.

1. Die meisten Dinge, die wir tun, können andere mindestens genauso gut.

2. Die wenigsten Dinge, die wir tun, können so nur von Kirche angeboten werden.

3. Wir sollten uns auf das konzentrieren, was außer uns niemand kann.

Zugegeben: das, was ich sage gilt vor allem für den städtischen Raum. Aber für diesen um so mehr.

Wir müssen nichts machen, was andere besser können wir als wir. Wenn wir keinen wirklichen Mehrwert in die Sache reinbringen.

Eine Sportveranstaltung in der Kirche? Ja natürlich, tolle Sache! Aber... wieso gehen wir als Kirche nicht einfach raus in die Sportvereine? Klar, da gibt es keine Andachten dann vor dem Spiel. Aber es gibt lauter lebendige Andachten. Nämlich dich und mich.

Wir müssen nicht alles in unserer Gemeinde anbieten. Wir müssen nicht jede Veranstaltungsart abdecken, um Leute einzuladen. Wir könnten als Gemeinde auch einfach dorthin gehen, wo die Veranstaltungen sind.

Lasst uns doch einfach mal knallhart analysieren. Was machen wir in unseren Gemeinden und was davon ist wirklich Kirche? Und was kann weg?

Und lasst uns doch stattdessen lieber sehr genau hinschauen, wo wir wirklich wichtig sind. Was gäbe es in unserem Stadtteil einfach nicht mehr, wenn wir weg wären? Ich bin mir z.B. relativ sicher, dass es kaum noch Gottesdienste gäbe. Also warum nicht dieses Angebot ausbauen?

Lasst uns doch mal Kräfte bündeln. Für das, was außer uns niemand macht. Über den Gott der Bibel reden. Die frohe Botschaft verkündigen. Den Menschen von Jesus erzählen.

Und den ganzen anderen Kram? Da können wir dann ganz entspannt in die Welt hinaus gehen. Und immer noch im

Chor singen. Basteln. Und im Wald herumwandern. Und nebenbei, ganz unverkrampft. Menschen kennenlernen. Und ja, vielleicht mit ihnen ins Gespräch kommen. Und sie zu einer Veranstaltung einladen, die in der Form einmalig in unserem Stadtteil ist.

Und diese Veranstaltung gibt es bei uns in Kirche. Und weißt du, was das Beste ist? Diese Veranstaltung ist so richtig geil vorbereitet. Weil alle in der Gemeinde Zeit dafür hatten. Weil es weniger andere Veranstaltungen gab, um die man sich kümmern musste. Und weißt du noch was? Diese Veranstaltung ist richtig voll! Denn sie ist nicht nur gut vorbereitet, sondern auch einzigartig und geht nicht unter als eines von vielen Angeboten.

Wunschdenken? Vielleicht.

Vielleicht aber auch nicht.

Fußnote: Ich suche noch nach der Bibelstelle, in der Jesus uns Christen aufgerufen hat, möglichst viele Gruppen in der Gemeinde zu haben. Wer sie findet... bekommt ein Eis. Aber nur ein kleines!

LASST UNS DIE PASTOREN NICHT MEHR BEZAHLEN!

13. November 2017 - juhopma

Auf den ersten Blick wirkt es wie ein Geschenk: Ein hauptamtlich angestellter Pastor. Der nichts anderes zu tun hat, als für die Kirche/die Gemeinde zu arbeiten. Schaut man aber etwas genauer hin, so sind hauptamtliche Pastoren eines unserer größten Probleme in Kirche. #einfachkirche

Ich gebe zu: Es ist etwas heikel, was ich schreiben möchte. Denn letztlich schreibe ich gegen mich selbst. Ich schreibe gegen Pastoren, die hauptamtlich in Kirche arbeiten.

Hauptamtlich, damit meine ich erstmal die Abgrenzung zu ehrenamtlich. Also Hauptamtliche werden bezahlt für ihre Arbeit in der Gemeinde. Ich werde bezahlt für meine Arbeit in der Gemeinde. Jetzt als Vikar. Später als Pastor.

Und ja, das hat viele Vorteile. Ich habe – zumindest theoretisch – ja meine gesamte Arbeitszeit für die Gemeinde zur Verfügung. Es gibt keinen anderen Job, den ich zuerst zu erledigen habe. Ich muss mich nicht um meinen Lebensunterhalt kümmern, zusätzlich zu meiner Arbeit in der Gemeinde.

Wo das Problem liegt? Unsere Gemeinden kreisen um uns Pastoren. Und wir Pastoren leben in unserer eigenen Pastorenwelt.

Wir kennen nicht das Gefühl, nach einem langen Arbeitstag noch zusätzlich in die Gemeinde zu fahren. Wir kennen nicht das Gefühl, existentiell bedroht zu sein. Unser Job ist sicher. Sehr sicher. Wir sind ausgezeichnet abgesichert, bekommen ein ordentliches Gehalt. Der Arbeitsalltag und die Arbeitssorgen der meisten Menschen sind uns fremd. Damit ist ein Großteil der Realität unserer Gemeinde für uns nicht wirklich nachvollziehbar.

Und auch andersherum: Wir sind in sehr vielen Fällen die Player in der Gemeinde. Ohne uns läuft nichts. Viel zu häufig. Das ist vielen von uns bewusst. Viele von uns jammern darüber. Und doch genießen es viele. Wir sind wie ein Fixpunkt, um den die Gemeinde kreist. Aber ist das wirklich unser Ziel? Dass alles sich um uns dreht?

Ist der Pastor schlecht oder nicht beliebt, sieht man das meistens an der Gemeinde. Fällt der Pastor länger aus oder bleibt eine Stelle unbesetzt – das Gemeindeleben ist kaum aufrecht zu halten. Letztlich haben unsere hauptamtlichen Pastoren vor allem zu einem geführt: sehr vielen entmündigten Gemeinden.

Was ich mir dagegen wünsche? Pastoren, die nur Teil eines größeren Teams sind. Pastoren als diejenigen, die die theologische Kompetenz mitbringen. Aber nicht auch alles andere leiten und führen.

Pastoren als Ehrenamtliche. Und genauso gibt es eben Ehrenamtliche für andere Bereiche. Die Kinderarbeit und Jugendarbeit. Seniorenarbeit. Musik, Büro, Küster und was es eben noch so gibt.

Der Pastor ist nur noch Teil eines größeren und gleichberechtigten Teams.

Welchen Vorteil ich darin sehe? Erstmal: Eine Gemeinde auf Augenhöhe. Es gibt keinen „King", keinen Fixpunkt, um den sich alles kreist. Wir feiern 500 Jahre Reformation und Martin Luther – dann lasst uns auch das „Priestertum aller Gläubigen" ernst nehmen. Und endlich das Priestertum aller Pastoren beenden.

Wenn ich Pastor im Ehrenamt bin, dann habe ich einen richtigen Job. Ich muss mein Geld anderweitig verdienen. Ich lebe in der Welt, zu der ich sprechen möchte. Übrigens: Ehrenamtliche Pastoren scheint mir durchaus eine biblische Vorlage zu haben...

Und darüber hinaus: Pastoren im Ehrenamt können eine Lösung für unsere Kirchenkrisen sein. Denn: es spart sehr viel Geld. Und es lässt völlig neue Konzepte von Kirche zu.

Aktuell wirken Kirchen als defizitär, wenn sie keinen Pastor haben. In Zukunft wäre es völlig normal.

Natürlich, das wäre eine sehr große Veränderung in Kirche. Es bedeutet neue Strukturen. Es bedeutet viel mehr Einsatz von Ehrenamtlichen. Aber es bedeutet auch eine neue Chance.

Wir können Kirche wieder stärker als Gemeinschaft denken. Wir können Kirche weniger fokussiert auf eine Person denken. Wir haben größere finanzielle Spielräume.

Tja, aber wenn ich so denke, wieso gehe ich dann ins Vikariat und werde genau das, wogegen ich hier gerade schreibe? Ich gebe zu: Das mag ein Stück weit inkonsequent sein. Gleichzeitig gilt: Systeme lassen sich ja fast immer von innen besser als von außen verändern.

Daher bin ich gerne Teil des Systems und stelle immer wieder meine Gedanken dazu vor. Erzähle von meiner Idee von ehrenamtlichen Pastoren. Und zuletzt: Kirche ist durchaus auf dem Weg an diesem Punkt. Es gibt sowohl ein Vikariat im Ehrenamt als auch eine Ordination ins Ehrenamt. Die Voraussetzungen sind also schon gegeben. Und ich kann mir durchaus vorstellen, am Ende meines Vikariats auch eine Ordination ins Ehrenamt zu machen.

MEIN ERSTES MAL: BEERDIGUNG

28. November 2017 - juhopma

Im Vikariat gibt es vieles zum ersten Mal. Z.B. die erste Trauung, die erste Taufe – und auch die erste Beerdigung. Nervosität, eine neue Meinung zum Talar, erste Bekanntschaften mit Bestattern. Und natürlich regnet es am Grab. Aber eigentlich, war es schön. Oder sollte man das bei Beerdigungen lieber nicht sagen?

„Und was kostet das jetzt eigentlich?" – das war die letzte Frage nach einem längeren Gespräch mit der Witwe des Verstorbenen. Es wurde durchaus wohlwollend aufgenommen, dass wir in Kirche unsere Mitglieder kostenlos beerdigen. Taufe, Trauung, Beerdigung? Alles All Inclusive bei uns!

Mein Vikariat geht schon rund 14 Monate. Manche meiner Vikarskollegen und -kolleginnen haben schon etliche Beerdigungen hinter sich. Bei mir hatte es bislang irgendwie nicht gepasst. Jetzt aber schon. Ein „einfacher" Fall für die erste Beerdigung. Kein Kind, kein Unfall, keine besonders herausfordernden Umstände. Und das ist auch gut so. Denn das war schon so ausreichend neu und herausfordernd.

Als Vikar bin ich einer Kirchengemeinde und einem Pastor zugeordnet. Die Gemeinde ist mein Praxis-Ausbildungsort. Mein Pastor ist mein Praxis-Anleiter. Das heißt: Wenn in meiner Gemeinde oder bei meinem Pastor z.B. eine Anfrage für eine Beerdigung reinkommt, dann ist es erstmal auch ein mögliches Lernfeld für mich. Aber: Alleine werde ich in so etwas nicht hineingeworfen. Mein Anleiter bespricht mit mir alles im Vorwege und wir besprechen das Gesehene und Geschehene in Ruhe hinterher.

In diesem Sinne bin ich immer gut vorbereitet. Ich habe Vorlagen meines Anleiters, ich weiß, wie er so eine Beerdigung macht. Ich bekomme von ihm vorher viel

Feedback zu meiner geplanten Beerdigung. Und doch...
stehe ich am Ende alleine vorne. Stehe *ich* am Ende am Grab.

Aber Moment. Wie läuft sowas eigentlich ab? In meinem Fall
habe ich zwei Telefonnummern erhalten. Eine von der
Witwe, eine von der Bestatterin. Und dazu ein Datenblatt aus
dem Gemeindebüro über den Verstorbenen. Das kann aber
auch immer etwas unterschiedlich sein.

Anruf bei der Witwe. Terminvereinbarung für ein Gespräch.
Anruf bei der Bestatterin. Ort, Zeit und Friedhof stehen
schon fest. Für mich zunächst sehr befremdlich: Das
beständige Sprechen vom „Kunden". Für die Bestatterin geht
es hier eindeutig um Kunden. Ich merke: Nein, Kunde, das
Wort passt nicht zu dem, was die Witwe und was der
Verstorbene für mich sind.

Das Gespräch mit der Witwe. Natürlich traurig. Es ist gar
keine besondere Dramatik in diesem Fall. Und doch: Der Tod
berührt mich. Ich erwische mich mehrfach, wie ich feuchte
Augen habe. Nach dem Gespräch bin ich nachdenklich.
Mitten am Tag kam der Tod so in mein Leben gesprungen.
Nun habe ich etliche Notizen. Und soll daraus eine
Ansprache gestalten. Über einen Menschen, den ich
eigentlich überhaupt nicht kenne. Nur aus der Erzählung der
Witwe.

Im Laufe der Woche finden noch weitere Telefonate mit
Witwe und Bestatterin statt. Gibt es jetzt drei oder fünf
Lieder? Alles von CD oder brauchen wir doch noch einen

Organisten? Und bitte auf keinen Fall zu lang! Die Bestatterin hat noch weitere Kunden. Der Friedhof auch nur feste Zeiten pro Bestattung.

Dann ist es soweit. Der Ablauf ist erstellt, die Ansprache geschrieben. Es ist nur eine sehr kleine Beerdigung. Wenige Angehörige. Kleine Kapelle. Kleiner Friedhof.

Es regnet. Wie passend.

Und auch wenn ich schon viel über den Talar geschimpft habe. Hier hat er gleich mehrere Vorteile. 1. Ich werde sofort erkannt. Jeder weiß, wer ich bin. 2. Tatsächlich schützt er mich. Er verleiht mir eine gewisse Autorität, die ich, Jonas, gar nicht habe. Aber die mir aufgrund meines Amtes und meiner Funktion zugeschrieben werden. 3. Der Talar ist gar kein so schlechter Regenschutz (merke ich später auf dem Friedhof). 4. Der Talar ist angenehm warm (merke ich auch später auf dem Friedhof).

War die Beerdigung gut? Oder die Trauerfeier? Ich weiß gar nicht, wie es richtig heißt… in meinem Ablauf steht „Trauerfeier". Nennen tue ich es in der Begrüßung Gottesdienst. Wie dem auch sei. War es gut? Keine Ahnung. Ich hatte im Großen und Ganzen ein gutes Gefühl dabei.

Das Nicken der Witwe während der Ansprache. Das Lächeln in einigen Gesichtern, als ich über die versuchten Schummeleien des Verstorbenen beim „Mensch ärger dich nicht"-Spielen spreche. Viele weinende Gesichter. Aber irgendwie… ist das ja gut, oder nicht?

Am Ende stehen wir gemeinsam im Regen am Grab. Ich lasse Erde auf die Urne fallen. Die Erde schlägt ganz schön laut auf. War das zu laut? Zu doll? Wir sprechen das Vater Unser gemeinsam. Naja. Ich spreche es. Die anderen murmeln mit.

Hinterher drücken mir alle fest die Hand. Bedanken sich für die schöne Trauerfeier. Sagen, dass das sehr tröstende Worte waren. Zu guter Letzt erhalte ich eine Spende für die Kirchengemeinde. War ich jetzt doch nur Dienstleister und die Witwe Kundin? Oder ist das wirkliche Anerkennung? Dank?

Hinterher bewegen mich vor allem zwei Fragen: Wieviel Dienstleistung steckt in so einer Beerdigung? Und: Habe ich genug von Jesus gesprochen?

Es ist ein schöner Gedanke: Wir begleiten Menschen durch ihr ganzes Leben. Von der Taufe (gehen wir mal von Kindertaufe aus) bis zum Grab. Und doch: Vermutlich beerdigen wir meistens Menschen, die zwar noch Mitglied sind, die wir aber fast nie kannten. Ist das schlimm? Ich weiß es nicht. War die Beerdigung schön? Irgendwie ja. War es ein Dienst an den Menschen? Definitiv. Und was ist mit Jesus?

Eigentlich würde ich gerne nicht im schwarzen Talar, sondern in der weißen Albe (also quasi ein weißer Talar) zur Beerdigung. Denn bei all der Trauer verkörpere ich ja auch die Hoffnung. Dass der Tod nicht das Ende ist. Wer, wenn nicht wir Christen, könnte bei einer Beerdigung gerade nicht schwarz tragen? Sondern weiß?

Ich habe – wie ich finde – viel und deutlich über Jesus und die Auferstehung gesprochen. Was ich dabei tunlichst umgehe: Klare Aussagen über den Verstorbenen zu machen. Wo ist er jetzt? Schon bei Gott? Oder noch nicht? Kommen alle Menschen zu Gott? Gibt es ein Gericht? Gibt es eigentlich Himmel und Hölle?

Ich habe eine klare theologische Meinung zu all diesen Themen. Aber hat das seinen Platz auf der Beerdigung? Ich merke: Es ist ein Spagat zwischen tröstenden Worten und theologischen Zweifeln oder Auffassungen.

Was daran allerdings das Schöne ist? Das ist eine neue Herausforderung. Die mir Spaß macht.

Bei Taufe und Trauung ging es mir ähnlich. Das erste Mal? Große Nervosität. Danach? Vor allem Spaß am „dran arbeiten". Dass es funktioniert, weiß ich jetzt. Dass ich mit einem guten Gefühl hinterher nach hause gehe, weiß ich jetzt auch. Und für alles andere... habe ich ja noch etliche Berufsjahre vor mir.

WAS DIE KIRCHE VOM BALLETT
(NICHT) LERNEN KANN

8. Januar 2018 - juhopma

Ja, ich war beim Ballett. Das Weihnachtsoratorium. Schön in einer Loge. Das hatte was. Und das hat mich auch auf einen Gedanken gebracht. Kirche und Ballett – irgendwie gibt es da durchaus Parallelen. Gut, und dann habe ich mich noch gefragt, was Jesus eigentlich zum Weihnachtsoratorium als Ballett sagen würde. Herausgekommen sind 5 Dinge, die Kirche vom Ballett (nicht) lernen kann.

1. Es bedeutet nichts, dass die Kirche Heiligabend voll ist

Nennt mich Kulturbanausen. Aber im Ernst: Ich habe diese Aufführung nicht verstanden. Was auch immer das für eine Geheimkultur ist. Mir ist sie fremd. Ich habe ungefähr zwei Zeilen Text in den 2 1/2 verstanden. „Jauchzet, frohlocket. Auf preiset die Tage." Aber die Zeilen kannte ich auch vorher schon. Ansonsten… es wurde gesungen, es wurde musiziert und dann haben sich auch noch Menschen auf einer Bühne dazu bewegt. Der innere Zusammenhang – keine Ahnung. Nett war es trotzdem. Ich würde definitiv mal wieder zum Ballett gehen. Vielleicht wieder in der Zeit zwischen den Jahren. Ja, könnte ich mir sogar als Ritual vorstellen. Einmal im Jahr zum Ballett. Schick machen und hingehen. Dafür ist gar nicht wichtig, dass ich verstehe, was da passiert. Dafür muss ich Ballett gar nicht wirklich mögen. Für einmal im Jahr kann ich mir das gut vorstellen.

Ich glaube, ich habe mich noch nie näher all denen gefühlt, die einmal im Jahr in die Kirche kommen. Man kommt, weil es durchaus nett und schön ist. Und ob man versteht, was da passiert, ist eigentlich egal.

2. Nur weil der Laden voll ist, ist es noch lange kein Erfolg

Ich habe überlegt, welche Konsequenzen es für die Hamburger Staaatsoper hätte, wenn es nahezu allen so ginge wie mir. Also, dass sie so eine Ballett-Aufführung nicht verstehen. Und ich glaube, dass es ähnlich ist wie in der

Kirche. Es gibt zwei Ebenen. Auf finanzieller Ebene ist es egal. Solange der Laden voll ist, macht die Oper (ich meine jetzt den Spielort, wo das Ballett war) ja „alles richtig". Ähnliches gilt wohl für die Kirche: Solange genug Leute dabeibleiben (als Mitglied) bzw. an Heiligabend kommen... ist das ja eigentlich ganz gut.

Schwierig wird es nur, wenn man auch etwas vermitteln möchte. Bzw. einen Anspruch hat. Wenn ich mit dem Ballett einen künstlerischen Anspruch habe. Ja, etwas ausdrücken möchte. Dann ist es schon wichtig, dass die Zuschauer es verstehen. Gleiches gilt für die Kirche. Wenn wir den Leuten etwas mitgeben wollen, dann muss mehr zählen, als nur „an Heiligabend ist es voll" oder „Solange sie Mitglied bleiben ist doch okay".

Hinzu kommt: Ich bin mir recht sicher, dass die Oper auch gerne eine Bindung mit mir eingehen würde. Mich als regelmäßigen Besucher gewinnen möchte. Natürlich ist es auch möglich, dass einfach jeder Mensch nur einmal im Jahr zur Oper geht, ggf. ist es dann trotzdem immer voll. Wäre ja bei uns in der Kirche auch möglich. Denke ich mal. Aber ich bin mir sehr sicher, dass die Hamburger Staatsoper nicht nur „Einmalgänger" haben möchte. Und dass das auch damit zusammenhängt, weil man Anspruch hat und die Bindung sucht.

3. Es braucht die Jugend nicht unbedingt

In Kirche sagt man immer wieder, dass die Jugend die Zukunft sei. Ich bin mir da ehrlich gesagt nicht so sicher. Beim Ballett war der Altersschnitt gefühlt sehr ähnlich wie bei uns in der Kirche – aber stört das eigentlich wirklich jemanden? Ich meine, wenn einfach immer genug der Alten zur Oper gehen... dann braucht es die Jugend da ja nicht. Vielleicht finde ich ja im Alter auch noch einen Zugang zum Ballett... dann gehe ich die ersten 50 Jahre meines Lebens eben nicht hin, die zweiten 50 aber schon (ja ich bin optimistisch, was mein Lebensalter angeht).

Übrigens: In Hamburg gibt es (glaube ich immer noch) auch eine Art „junge Oper", ein Projekt womit die Oper in Hamburg versucht jüngeres Publikum anzuziehen. Es wäre aber wirklich mal sehr interessant herauszufinden, ob Kirche und Oper nicht eigentlich in sehr ähnlichen Gefilden unterwegs sind. Die Kirche jammert ja immer, dass der demografische Wandel sie so sehr treffen würde. Das halte ich ja für relativen Blödsinn und eine billige und schlecht informierte Ausrede der Kirche – so in der Pauschalität. Vielleicht maile ich der Oper mal und informiere mich. Ich werde dann berichten, wenn was Spannendes herauskommt.

Was ich aber eigentlich sagen will: Mir schien es so, dass die Oper bzw. das Ballett auch so ganz gut läuft. So ohne junge Leute und ohne Versuche jung und hipp zu sein. Die haben da einfach ihr Ding durchgezogen. Für mich wirkte das zwar alles zusammenhangslos, aber ich kann bestätigen, dass andere Menschen es verstanden haben (oder zumindest behauptet haben ;-)).

4. Ballett wird niemals alle ansprechen

Ich glaube, egal wie man es dreht und wendet. Ballett wird einfach nicht alle Menschen ansprechen. Es ist ein Angebot für eine bestimmte Zielgruppe. Woran das liegt? Ich denke, dass es vor allem an der Form liegt – und nicht am Inhalt. Und da wird es so richtig spannend mit Blick auf Kirche. Denn Ballett definiert sich ja vor allem über die Form. Der Inhalt eines Ballettes (also sagen wir mal das Stück an sich) könnte auch als Musical z.B. aufgeführt werden und würde dann ganz anders aussehen. Und wie ist das dann bei Kirche?

Kommen wir mehr über die Form oder mehr über den Inhalt? Okay, ich gebe zu, jetzt wird es schwierig, weil ich mit meinen Vergleichen und Bildern ungenau arbeite. Ich versuche meine Gedanken für dich zu ordnen:

Die Frage ist für mich: Ist Kirche eigentlich das Ballett oder die Hamburger Staatsoper? Kurze Pause. Weiter gehts. Was ich damit meine: Ballett wird immer nur eine gewisse Zielgruppe ansprechen. Das liegt daran, dass sich Ballett über die Form definiert. Wenn Kirche nun wie Ballett ist, dann können wir einfach niemals alle Leute ansprechen. Weil einfach nicht alle Menschen auf Ballett stehen.

Wenn Kirche nun aber eher wie die Hamburger Staatsoper ist, dann sieht es schon anders aus. Denn in der Hamburger Staatsoper werden ja auch Opern gespielt. Man könnte dort aber auch Musicals spielen. Oder ein Rock-Konzert. Eine Lesung. Einen Ringkampf. Ja meine Güte, man könnte da sogar Gottesdienst feiern. Verstehst du was ich meine? Die Staatsoper hat natürlich eine bestimmte Klientel und ein bestimmtes Ziel und wird deshalb keinen Ringkampf oder Gottesdienst dort abhalten, aber es wäre zumindest möglich. Denn sie definiert sich lange nicht so starr über die Form wie das Ballett.

Und weiter gehts in diesem kruden Vergleich: Meine Frage ist dann: Worüber definiert sich die Oper am Ende? Was ist ihr Inhalt? Wer entscheidet, was dort gespielt wird und was nicht? Mehr klassische Opern oder doch Operetten? Oder mal was ganz Experimentelles? Und was ist das Ziel hinter all dem? Den Laden voll bekommen? Oder der künstlerische Anspruch? Oder was ganz anderes?

Und damit sind wir endlich bei der Kirche. Gefühlt führen wir uns in Kirche auf, als wären wir Ballett. Die Form ist das Wichtigste. Es muss bei uns getanzt werden, denn wenn nicht getanzt wird, dann sind wir kein Ballett, ähm, ich meine natürlich Kirche. Aber das ist Bullshit. Wir sind mindestens eine Hamburger Staatsoper. Wenn nicht sogar eigentlich die Kulturbehörde Hamburgs.

Wir definieren uns nicht über unsere Form. Wir bleiben Kirche, auch wenn wir völlig andere Formen annehmen. Ballett ist eben irgendwann kein Ballett mehr, wenn man es zu stark verändert. Wir bleiben Kirche, egal welche Form.

5. Entscheidend ist der Inhalt

Und das führt zum letzten Punkt. Der wird auch wirklich kurz. Hätte auch noch in Punkt 4 gepasst, aber ich fand, dass fünf Punkte runder klingt. Unser Inhalt definiert uns als Kirche. Die Menschen sollten Kirche an ihrem Inhalt und nicht an ihrer Form erkennen. Wir sind kein Ballett. Und es reicht uns nicht, wenn der Laden einmal im Jahr voll ist. Und es sollte uns definitiv stören, wenn man nicht versteht, was wir tun.

Ich werde mich nicht über Ballett aufregen. Ich finde es nicht schlimm, dass es sowas gibt. Es ist einfach nur nicht meins. Und vielleicht stört das die Ballettbegeisterten nicht. Vermutlich werden sie aber sagen, dass ich es nur noch nicht richtig verstanden habe. Und im besten Fall erklären sie mir dann, was wie gemeint ist und warum dies oder das besonders toll war.

Weißt du was? Ich würde so gerne von einem Ballettbegeisterten überzeugt werden. Ich möchte seine leuchtenden Augen sehen. Spüren, wie viel Freude es ihm macht, diese Aufführungen zu sehen. Und vielleicht kann ich dann die Begeisterung nicht direkt teilen, aber ich hätte das

Gefühl, dass es sich lohnt ins Ballett zu gehen. Und zwar häufiger als einmal im Jahr.

Und jetzt habe ich mich fast in Rage geschrieben und möchte spontan einen 6. Punkt anfügen:

6. Weihnachten braucht Begeisterung

Weihnachten ist noch eine Weile hin. Aber seitdem ich im Ballett war denke ich mir: Das ist echt eine Chance. Eine Chance Leuten zu zeigen, warum man selber nicht nur einmal im Jahr zum Ballett geht. Sondern immer mal wieder. Und ja ich weiß, dass mein Bild und meine Vergleiche irgendwo alle hinken. Und ich höre jetzt auch schon auf. Und wünsche dir ein frohes neues Jahr. Falls du noch einen Vorsatz für 2018 suchst: Geh doch mal ins Ballett. Ist gar nicht so anders, als für viele Leute der Weg in die Kirche.

PS.: Was ich ganz vergessen habe, ist das mit Jesus und dem Ballett. Ich muss schon sagen... ich habe mich zwischendurch gefragt, ob Jesus sich sowas hat träumen lassen. Tausend Menschen – oder wie viele da in die Oper passen – sitzen 2 1/2h da und schauen Menschen beim Tanzen zu, die das Evangelium irgendwie versuchen auszudrücken... also irgendwie... eigentlich schade, dass die Bibel da so wenig aussagt. So eine Tanznummer der Jünger?

Wäre doch bestimmt auch bei den Griechen gut angekommen, oder nicht? Naja... vielleicht wurde es ja auch einfach nur nicht überliefert. Oder der Vatikan hält es geheim. Naja, ich werde mal Dan Brown fragen, der weiß sowas ja für gewöhnlich.

HAUPTSACHE
DIE ORGEL FÜHLT SICH WOHL!

14. Januar 2018 - juhopma

Neulich im Predigerseminar gelernt: Kirchen sollen maximal 16 Grad „warm" werden. Warum? Damit es der Orgel gut geht. Und wenn es den Menschen zu kalt ist? Dann sollen die sich eben warm anziehen. Das würden die Menschen schon verstehen. Tja, wir setzen in Kirche auf jeden Fall die richtigen Prioritäten. Hauptsache die Orgel fühlt sich wohl.

Gleich vorweg: Das war eine harte Woche. Verwaltungskurs oder so hieß das. Jeden Tag ein neues, „spannendes" Thema. Haushalt und Finanzen. Buchhaltung. Bauwesen. Arbeitsrecht. Personalwesen. Kirchengemeindeordnung… ja, ich bin mir sicher, dass da auch dir schon jetzt das Wasser im Munde zusammenläuft.

Alles natürlich unglaublich spannend. Aber das Umwerfendste war eindeutig das Bauwesen. Denn daran wurde in direktester Form deutlich, wo wir als Kirche gerne unsere Schwerpunkte setzen. Wir als Kirche… naja, das muss ich gleich nochmal genauer ausführen.

Relativ zu Beginn ging es um die Orgel. Und unsere Gebäude. Und dass es vom Landeskirchenamt die Empfehlung gibt, dass Kirchen nicht wärmer als 16 Grad sein sollten. Warum? Weil sich die Orgel sonst nicht wohl fühlt. Liegt wohl weniger an der Wärme, als an der Luftfeuchtigkeit. So ganz verstanden habe ich es nicht.

Als ich nachfragte, ob ich jetzt wirklich mich mehr um meine Orgel als um meine Gäste (also Menschen) in der Kirche kümmern solle, kam die grandiose Antwort: Menschen können sich warm anziehen. Die Orgel nicht.

Ich habe jetzt also vom Bauwesen-Menschen aus dem Landeskirchenamt die Empfehlung, meine Kirche auf 16 Grad maximal zu heizen. Dazu muss man sagen: Das ist gut gemeint. Aus finanzieller Sicht. Denn tatsächlich schimmeln uns viele Orgeln weg. Und es kostet schnell einen höheren fünfstelligen Betrag, um die Orgeln dann wiederherzurichten.

Doof gesagt: Im schlimmsten Fall haben wir höhere Heizkosten (weil wir über 16 Grad heizen) und dann auch noch enorme Kosten, weil die Orgel bei den warmen Temperaturen verschimmelt ist. Von daher: Das ist kein „dummer" Tipp mit den 16 Grad.

Allein die Prioritätensetzung finde ich bedenklich. Denn wenn ich es so mache, wie vom Landeskirchenamt empfohlen, dann spare ich a) Heizkosten und b) Orgelsanierungen aber dafür habe ich jetzt eben c) eine kalte Kirche.

Ich habe nachgefragt, ob sich der Dozent vorstellen könne, dass die Staatsoper oder die Elbphilharmonie ähnlich verfahren würde. Die „Elphi" ist ja gerade erst teuer gebaut worden, da ist auch eine Orgel drin... könnten ja ähnliche Bedingungen sein. Wie wäre das, wenn nun die „Elphi" alle Gäste bitten würde, Mäntel und Co anzulassen – ja vielleicht stünde auf den Tickets sogar schon drauf „Bitte warm anziehen".

Das ist ein völlig absurder und dämlicher Gedanke. Der Bauwesen-Mensch konnte darauf nur sagen, dass er auch nicht wisse, wie die Elbphilharmonie das mit ihrer Orgel hinbekäme.

Ich hätte da so eine Idee: In der Elbphilharmonie steht an erster Stelle der Mensch. Der Gast. Der Zuschauer. Die Gastfreundlichkeit. Und keine Orgel.

Ernsthaft: Wir beklagen uns über weniger Menschen in unseren Gottesdiensten. Und dann bringt man mir im Predigerseminar bei, dass ich den Leuten erklären soll, dass sie leider frieren müssen, weil sonst unsere Orgel schwitzt?

Natürlich habe ich mich gleich erkundigt, ob man dann die Orgel nicht rauswerfen könne (oh welch ketzerischer Gedanke!). Bzw. genaugenommen fragte schon jemand anderes, warum man dann nicht eine elektronische Orgel nehmen könne (die hat keine Schimmelprobleme…).

Tja… das war zu leicht gedacht. Denn – so wurde uns erzählt – leider gibt es eine kircheninterne Vorschrift, dass in der Kirche – die eine Orgel hat – die erste Orgel eine Pfeifenorgel sein muss.

Fun Fact am Rande: Wenn eine Kirche keine Orgel besitzt, dann muss sie auch keine Orgel haben. Aber wenn in einer Kirche eine Orgel ist, dann muss es somit auch eine Pfeifenorgel geben. Das wirft total skurrile Gedankenspiele auf: Wenn eine Kirche keine Orgel hat – kann sie sich dann überhaupt eine elektronische anschaffen? Denn dann hätte sie ja eine Orgel und diese müsste eine Pfeifenorgel sein. Wenn eine Kirche nun aber eine Orgel hat, dann wird sie die auch partout offensichtlich nicht los. Sie könnte sich maximal dann eine elektronische zusätzlich anschaffen.

Das heißt – um zum Eigentlichen zurückzukommen -, dass nur Kirchen, die keine Orgel besitzen, auch ganz offiziell wärmer als 16 Grad heizen dürfen.

Irgendwie eine lustige Kombination: Entweder Orgel und kalt. Oder keine Orgel und warm. Ob das alles so durchdacht ist?

Nun gut. Im Bauwesen des Landeskirchenamtes scheinen also Zahlen, Gelder, Gebäude und Orgeln an höchster Priorität zu stehen. Ein Glück dürfen Kirchengemeinden eigene Wege gehen. Und – ihr Revoluzzer! – auch mal heimlich die Heizung hochdrehen.

Vielleicht ist das auch ein guter Test, um die Prioritätensetzung von Gemeinden gleich direkt einschätzen zu können. Zum nächsten Gottesdienstbesuch empfehle ich die Mitnahme eines Thermometers. Und dann könnt ihr ganz einfach herausfinden, was für eine Gemeinde das ist.

a) Es sind 16 Grad

Diese Gemeinde hält sich an alle Vorschriften. Solange die Vorschriften des Landeskirchenamtes eingehalten werden, wird alles gut. Du als Gast bist nicht so wichtig. Dafür wird man dich auch nicht für Spenden für die Orgelsanierung anbetteln.

b) Es sind mehr als 16 Grad

Diese Gemeinde lebt in der Revolution! Orgelschimmel wird in Kauf genommen. Das könnte bedeuten, dass die Gemeinde demnächst finanzielle Probleme bekommt oder dir einen Spendenbrief schreibt. Dafür bekommst du keine Erkältung und bist herzlich willkommen.

c) Es sind weniger als 16 Grad

Vermutlich ist die Heizung defekt oder es steht finanziell richtig schlecht um die Gemeinde. Lieber Abstand halten, die Situation wirkt nicht unter Kontrolle. Vermutlich hält das Auswärtige Amt auch eine Besuchswarnung bereit.

Nein im Ernst: Ich kenne genug Gemeinden, in denen es wärmer als 16 Grad ist. Vielleicht gibt es auch gute Möglichkeiten, wie Raumentfeuchter oder was auch immer. Und natürlich hat niemand die Absicht, Orgeln verschimmeln zu lassen.

Trotzdem. Ich werde in „meiner" ersten Gemeinde als ersten Akt die Heizungen aufdrehen. Ich möchte mich da lieber an der Elbphilharmonie als am Landeskirchenamt halten. Denn ich freue mich, wenn Gäste in „meine" Gemeinde kommen. Und das zeige ich gerne auch mit angenehmen und einladenden Temperaturen.

WIR BRAUCHEN
A- UND B-PASTOREN!

1. Februar 2018 - juhopma

Der Plan für die Zukunft der Kirche? A- und B-Pastoren! Was das heißt? Wir haben Pastoren, die Theologie an Universitäten studieren. Und wir haben Pastoren, die sich über einen alternativen Bildungsweg qualifizieren. #zukunft #nachwuchs #diversity #einfachkirche

Wer es noch nicht weiß: Wir haben mehr als ein Problem in Kirche. Nicht nur, dass uns die Mitglieder schwinden, wir mit unseren Inhalten immer weniger Beachtung finden und auf absehbare Zeit ein Finanzloch haben werden – nein, wir haben auch ein Pastoren-Nachwuchsproblem.

Tja, das hättest du wohl kaum gedacht bei so fescher Berufskleidung, oder? Aber es ist wirklich wahr: Wir haben nicht ausreichend Menschen, die a) Theologie studieren bzw. b) ins Vikariat gehen und dann Pastor werden.

Ganz platt gesagt: Die Menschen treten tatsächlich nicht schnell genug aus und so kommt es, dass wir große Probleme haben werden, unsere Pastorenstellen zu besetzen.

Daher: Schluss mit Monokultur!

Das ist die eine Begründung für meine Forderung nach A- und B-Pastoren. Wir pflegen zwar keine echte Monokultur in Kirche, aber wir sind schon sehr beschränkt in unserem Angebot. In unserer Art sich zu kleiden. Zu sprechen. Gottesdienst zu feiern. Kirche zu sein. Gemeinde zu gestalten.

Kurzum: Wir leben vieles, aber nicht ausufernde Vielfalt. Woran das liegt? Meiner Meinung nach vor allem an uns Pastoren. Denn: Wir sind uns einfach alle – am Ende des Tages – ziemlich ähnlich.

Wir haben alle studiert. Das Gleiche. Wir haben alle gelernt anspruchsvolle Texte zu lesen, zu verstehen, zusammenzufassen. Wir machen alle das gleiche Vikariat und werden alle einheitlich ausgebildet.

Das offensichtlich wichtigste Ziel lautet: Mehr oder weniger ähnliche Pastoren hervorbringen, die dann das bestehende System möglichst gut aufrechterhalten können.

Also, lasst uns A- und B-Pastoren schaffen!

Was ich damit meine?

Bei Kirchenmusikern gibt es das schon „ewig". A-Kirchenmusiker und B-Kirchenmusiker. Beide sind vollwertige Kirchenmusiker. Der eine hat – inzwischen ist das glaube ich fast überall so – einen Bachelor in Kirchenmusik. Der andere hat noch einen Master oben draufgesetzt.

Wenn eine Kirche einen Musiker sucht, kann sie eine A oder B Stelle ausschreiben. A-Musiker kosten mehr. Können aber auch meistens mehr. Haben ja auch länger studiert und gelernt.

Mein Vorschlag: Lasst uns doch das gleiche bei Pastoren machen. Wir haben A und B Pastoren. B Pastoren haben „nur „einen Bachelor gemacht. Und A Pastoren noch einen Master.

Oder: A Pastoren haben an der Universität studiert. Und B Pastoren haben sich anderweitig qualifiziert. Ich denke da z.B. an Diakone und Gemeindepädagogen. Die haben ja schon eine Ausbildung – warum nicht auch diese ins Vikariat aufnehmen?

Das was wir hier im Vikariat machen, dafür muss man nun wirklich nicht an einer Universität studiert haben. Das Studium ist die Zugangsvoraussetzung. Aber keine wirkliche (inhaltliche) Voraussetzung, um Pastor zu sein oder das Vikariat zu schaffen.

Ich denke aber auch an völlige Quereinsteiger. Menschen wie dich vielleicht. Du hast studiert? Oder eine Ausbildung gemacht? Wir könnten doch einen Bachelor Theologie anbieten. Oder Fortbildungsmodule. Und dann ab mit dir ins Vikariat.

Im Ernst: Wir können nicht so weitermachen wie bisher. Wir brauchen Nachwuchs. Aber unser Nachwuchs muss nicht zwingend Theologie an einer Universität sechs Jahre studiert haben.

Sicherlich: Wir sollten auf keinen Fall unsere A-Pastoren aufgeben! Aber schadet es uns wirklich, wenn wir B-Pastoren zulassen?

Ich behaupte:

Mit A und B Pastoren würden wir erstens unser Nachwuchsproblem lösen. Und zweitens zu einer deutlich größeren Vielfalt von Kirche führen! Stell dir vor, wenn der Tischler von nebenan Pastor sein könnte. Natürlich mit theologischer Fortbildung und Vikariat. Aber er bliebe trotzdem ein ganz anderer Schlag Mensch als wir jetzigen Pastoren.

Was für eine Bereicherung!

By the way: Jesus hat seine Jünger übrigens auch ohne Theologiestudium berufen. Und es war ein bunter Haufen an Menschen.

In diesem Sinne: lasst uns die Kirche bunt machen!

Ein möglicher Schritt: A- und B-Pastoren.

KIRCHE IST NICHT ÜBERFLÜSSIG.
KIRCHE MACHT SICH ÜBERFLÜSSIG.

17. März 2018 - juhopma

Ich bin Vikar. Also angehender Pastor. Ja, ich werde
Pastor. Ich habe Theologie studiert. Und ja, ich darf
Kinder bekommen und heiraten. Nur um die zumeist
zwei wichtigsten Fragen direkt mal zu klären. Und ich
bin davon überzeugt: Kirche ist nicht überflüssig. Aber
Kirche macht sich überflüssig.

Die Kirchen in Deutschland haben immer weniger Mitglieder. Das ist ein Fakt. Auch wenn die Evangelische Kirche in Deutschland (EKD) inzwischen mit sehr billigen Tricks versucht Trends aufzuzeigen, wo keine sind, es ändert an der Realität ja doch nichts. Die EKD-Mitgliedszahlen sind in den letzten 60 Jahren um über 40% zurückgegangen. Für die letzten 20 Jahre gilt, dass wir grob ein Prozent pro Jahr verlieren. Konstant und ohne erkennbare Trendwende.

Ist Kirche also auf dem Weg überflüssig zu werden? Braucht unsere Gesellschaft noch die Kirche? Und wenn ja wofür? Und wenn nein, warum nicht?

Mich stört vor allem eines aktuell an „meiner" Kirche: Wir sind alles und nichts. Oder besser: Wir sind so ziemlich alles von gestern, relativ wenig von heute, aber nur ganz selten etwas wirklich Einzigartiges. Und erst recht nichts von Morgen.

Was findest du in Kirche, was du sonst nirgendwo findest?

Womit können wir als Kirche punkten, womit sonst niemand aufwarten kann?

Wir fahren als Kirche schon ziemlich lange – so glaube ich es zu erkennen – das Konzept „Lasst uns alles machen und immer irgendwie einen Hauch Kirche noch dazu bringen". Und dieser Hauch kann sein, dass die Veranstaltungen eben bei uns in der Kirche stattfinden.

Nun finde ich das alles eigentlich gar nicht schlecht. Allein: Wir machen uns damit überflüssig.

Wenn man in große Religionsstudien schaut, dann stellt man fest, dass die Leute an sich nicht areligiöser geworden sind. Das religiöse Angebot hat sich aber in den letzten Jahrzehnten stark vergrößert, der Markt sich liberalisiert.

Heute muss niemand mehr in der Kirche sein. Jeder kann frei entscheiden, wozu er/sie gehört. Wofür Geld ausgegeben wird und wofür nicht. Geliebte Ausnahme bleibt wohl der Rundfunkbeitrag. Trotzdem: Ich behaupte: Immer mehr Menschen können immer weniger mit der Kirche anfangen. Und damit letztlich auch mit dem christlichen Glauben.

Vielleicht konnten das auch früher genug Leute. Aber damals blieb man noch in der Kirche. Blieb offiziell dem christlichen Glauben treu. Heute bietet der „religiöse Markt" genug Alternativen. Und die Gesellschaft ganz grundsätzlich die Möglichkeit, dass „Nicht-Dazugehören" mehr als in Ordnung ist. Manchmal sogar schon Mainstream.

Und was machen wir als Kirche? Mit Blick auf sinkende Mitgliedszahlen, mit Blick auf das bunte religiöse Angebot und die Freiheit der Menschen, bewusst nicht dazuzugehören?

In den meisten Fällen... relativ wenig. Bzw.: Wir machen weiter wie bisher. Das Alte wird behalten und Neues besteht gerne daraus, dass wir irgendetwas mit einem Hauch Kirche tun.

Das C in Kirche fehlt.

Was wir aber aus meiner Sicht viel zu selten tun: Uns auf das konzentrieren, was nur wir anbieten können. Was das ist? Ich gebe zu: Meine Antwort ist erstmal sehr plakativ. Vielen vielleicht auch zu „fromm": Meine Antwort ist: Jesus.

Wir sind eine christliche Kirche. Und unser Name leitet sich von Jesus Christus ab. Das ist es, was uns – letztlich – wirklich ausmacht: Der Glaube an, das Beziehen auf, Jesus Christus.

Ja, weniger Menschen kommen zu uns.

Ja, immer mehr Menschen können immer weniger mit uns anfangen.

Und was machen wir?

Wir verwässern unseren Kern.

Wir verbreitern das Angebot so stark, dass irgendwann niemand mehr weiß, was die Veranstaltung in der Kirche von der Veranstaltung bei der freiwilligen Feuerwehr, dem Sportverein, dem Stadtteilzentrum und dem politischen Bündnis aus der Nachbarschaft unterscheidet.

Liebe Kirche – lasst uns wieder das in den Mittelpunkt stellen, was uns von allen anderen Angeboten, Vereinen, Religionen... unterscheidet: Jesus Christus.

Müssen wir dafür radikal werden? Nein!

Müssen wir dafür alle unsere Veranstaltungen sein lassen und nur noch Gottesdienst feiern? Nein!

Aber: Wir müssten alles überprüfen, was wir so vom ersten Advent bis zum Totensonntag veranstalten.

Müssen wir wirklich ein Angebot für Alte machen, wenn es schon hervorragende Arbeit in unserem Stadtteil gibt? Ja, wenn unseres einen klaren Bezug zu unserem Kern hat. Ansonsten? Nein.

Müssen wir wirklich eine Ausstellung machen, wenn das Museum nebenan doch auch einen hervorragenden Job macht? Du kannst dir meine Antwort denken.

Ein Freund, den ich sehr schätze und der aus der Werbebranche kommt, sprach vor einigen Jahren mit mir über die Kirche. Ich würde sagen, dass er der Kirche insgesamt sehr wohlgesonnen gegenübersteht. Ohne aktives Mitglied zu sein.

Wir sprachen über eine Werbekampagne, die er gerade erarbeitete. Und ich fragte ihn, wie er für die Kirche eine Werbekampagne gestalten würde. Seine Antwort begleitet mich bis heute. Er sagte, dass für ihn das Wichtigste sei herauszufinden, was nur die Kirche anbieten könne. Denn damit könne man am besten werben.

Wer quasi ein „exklusives Produkt" hat, wer etwas anbieten kann, was sonst keiner anbieten kann – dann würde er sich in der Werbung vermutlich darauf verlassen.

Und was das aus seiner Sicht für die Kirche sei? Wie aus der Pistole geschossen antwortete er: „Jesus Christus. Das ist das, was außer euch sonst niemand anbietet."

Im letzten Jahr fand in einer großen Arena in Hamburg ein großes Luther-Oratorium statt. Die Kirche fand sich wahnsinnig toll. In dem Oratorium ging es u.a. um die berühmten „soli" von Martin Luther. Sola gratia, sola fide, sola scriptura und solus christus.

Tja. Nur dass in dem Musical solus christus fehlte.

Das Einzige, was uns ausmacht. Gestrichen.

Aus Angst? Vor was?

Dass wir wieder für etwas stehen?

Liebe Kirche, ich werde noch ziemlich genau 40 Jahre für dich arbeiten. Wenn ich einen Wunsch frei hätte, dann wäre es dieser: Lass uns nicht das „christliche" an christlicher Kirche streichen. Sondern es wieder hervorheben. Außer uns tut das nämlich sonst niemand.

Wir sind nicht die CDU und nicht die CSU. Wenn auch wir das C streichen, dann sind wir nicht nur unauthentisch, sondern vor allem: überflüssig.

ICH WÜNSCHE MIR RUNDE KIRCHEN!

26. Mai 2018 - juhopma

Ja ist denn heut´ schon Weihnachten? Ne, natürlich nicht. Ich wünsch mir trotzdem was: Kirchen, die kommunikativ aufgebaut sind. Damit meine ich: möglichst rund. Und nicht längliche Schläuche. Weniger Distanz zwischen „denen da vorne" und dem... naja, Rest halt. Ein kleines Stück Vision der #einfachkirche

Neulich war ich bei Pfingstlern zu Besuch. Wem das nichts sagt: Bei einer Richtung der evangelischen Kirche, die von der liberal-landeskirchlichen Front meistens kritisch beäugt wird. Bei den Pfingstlern wird nämlich der Heilige Geist meistens besonders betont. Und mit dem haben wir es in der Landeskirche nicht so. Das ist selbst beim Postillion angekommen.

Ich gehe in eine Pfingstler-Gemeinde in Hamburg immer mal wieder gerne, weil es dort Musik gibt, die mir gefällt. Weil da junge Menschen sind. Alles irgendwie hip, modern und für mich ansprechend ist. Aber ich gehe eben auch nur immer mal wieder hin, weil es genug andere Dinge gibt, die mir nicht gefallen.

Aber wie dem auch sei, es soll ja hier nicht um diese Pfingstler-Gemeinde gehen. Ich beginne aber mit ihnen, denn als ich da war, haben sie dort zum ersten Mal etwas ausprobiert, das für mich fest zu meinem „Konzept" der #einfachkirche gehört: ein Gottesdienstraum, der kreisförmig aufgebaut ist und somit eine wirkliche Mitte hat.

Die allermeisten Kirchen sind ja recht „schlauchig" aufgebaut. Mindestens länglich rechteckig. Man kommt rein, dann gibt es einen Gang in der Mitte, links und rechts Bankreihen und vorne den Altarbereich. Manche Kirchen, wie meine Vikarsgemeinde, sind immerhin halbkreisförmig aufgebaut.

Wovon ich aber träume: Ein wirklicher Kreis! Und in der Mitte des Kreises ist der Altar. Das Kreuz. Rund um das Kreuz sitzen wir alle als Gemeinde. Der Mittelpunkt der Gemeinde? Das Kreuz.

Was mir daran gefällt: Es ist kommunikativer. Es ist nahbarer. Man sieht sich als Gemeinde. Mehr Menschen sind „nah" dran. Es gibt weniger Plätze, die weit weg sind. Es gibt auch keine große Distanz zwischen „denen da vorne" und dem Rest der Gemeinde.

Was mir auch wichtig ist: Die Mitte ist keine Bühne. Das war bei der Pfingstler-Gemeinde so gelöst. Dort sang der Großteil der Band nun von der Mitte aus. Das finde ich schade – denn gerade durch den Kreis ergeben sich aus meiner Sicht große Chancen für Gemeinden mit (Lobpreis)Bands.

Viele stört an den Lobpreis Bands, dass die Gottesdienste einen „konzertanten" Charakter bekommen (das ist bei der Orgel meistens häufig sehr ähnlich, aber darüber will ich hier mal nicht diskutieren). Dieser Charakter entsteht, weil vorne eine Band steht, die die Gemeinde dann „ansingt". Klar erinnert das an ein Konzert.

Was mich daran stört? Auch die Musik ist Gottesdienst. Und auch die Musik ist bzw. sollte Richtung Kreuz gerichtet sein. Und jetzt kommt der Clou an den „runden Gemeinden": Die Musik kann sich in den Kreis rund um das Kreuz einreihen. So singen Band und Gemeinde gemeinsam in ihre Mitte. Das

Kreuz. Und keine Band muss mehr „konzertant" die Gemeinde direkt ansingen.

Nun gibt es natürlich ein Problem. Unseren Kirchen, also die Gebäude, sind ja schon da. Und sind eher länglich als rund gebaut. Was tun? Es gibt schon in vielen Gemeinden (gerade großen) sog. „Mittelaltäre". Dort hat man den langen länglichen Raum einfach in der Mitte geteilt sozusagen und in die Mitte den Altar gestellt. Das ist dann noch kein Kreis, aber ein Anfang. Und eine etwaige Band/Musik kann man an eine der „kurzen Kreisseiten" platzieren.

Und der Pastor (und natürlich auch die Pastorin, also die predigende Person)? Steht in der Mitte und läuft im Kreis? Auch hier stelle ich es mir eher wie bei der Musik vor. Er ist Teil des Kreises. Und nicht Mittelpunkt.

Ja klar, manche sehen dann vielleicht den Pastor nicht so gut. Vielleicht macht er ja dann auch mal ein paar Schritte – Bewegungsfreiheit hätte er ja zumindest. Vielleicht ergibt sich aber auch aus dem Kreis eine weitere Nähe zu mehr Laienbeteiligung. Im Gottesdienst.

Vielleicht steht die predigende Person ja genau da, wo sie gerade sitzt. Mal vorne, mal weiter hinten im Kreis. Egal wo sie sitzt – solange sie im Kreis sitzt wird deutlich: Wir sind eine Gemeinde. Mit einem Mittelpunkt. Und es gibt nicht einen langen Schlauch an Gemeindegliedern, dann irgendeine Form von Raum und dann kommt das

„Göttliche". Und dazwischen steht am besten der Pastor. Und es gibt keine Band, die zur Gemeinde singt.

Sondern es gibt eine Gemeinde, die sich zum Gottesdienst versammelt. Und der Mittelpunkt des Gottesdienstes ist das Kreuz. Sei es noch so klein. Das muss ja kein riesen Ding sein! Da kann ein kleiner, zurückhaltend gestalteter Tisch (aka Altar) in der Mitte der Gemeinde stehen. Mit einem kleinen Kreuz darauf. Und um diesen Tisch versammelt sich die Gemeinde zum Abendmahl.

Das ist meine Idee eines „Gemeindeaufbaus". Eine Gemeinde, die auch durch die Gestaltung des Raumes zeigt, was ihr Mittelpunkt ist. Dass sie kommunikativ ist. Dass es kein „vorne" und „hinten" gibt. Und keine Bühne.

WARUM WIR EINE CRAFT-BIER-KIRCHE BRAUCHEN!

18. Juni 2018 - juhopma

Ich träume von vollen Kirchen. Aber ich glaube: Wir brauchen dafür keine Kirchenreform. Sondern eigentlich nur zwei Dinge: 1) Pastoren, die Gottesdienste voller Begeisterung feiern. 2) Eine richtig bunte Vielfalt an Pastoren. Oder in ganz kurz: Wir brauchen eine Craft-Bier-Kirche! #einfachkirche

Jaja, ich und meine Träume. Warum eigentlich von vollen Kirchen träumen? Muss das denn sein? Ist das überhaupt wichtig? Meine Antwort ist ja recht simpel: Mehr ist einfach mehr. Aber im Ernst: Warum ich von vollen Kirchen träume? Weil ich von dem „Angebot" der Kirche so überzeugt bin! Ich halte unsere Botschaft nicht nur für wahr, sondern auch für wichtig. Wichtig für die Gesellschaft, für diese Welt, wichtig für jeden Einzelnen von uns.

Ob das „jeder Einzelne" dann genauso sieht – das darf ja jeder selbst entscheiden. Aber ich wünsche mir, dass wir als Kirche es auch jedem ermöglichen, es zu entscheiden. Und Menschen nicht deshalb auszuschließen, weil wir zur falschen Zeit am falschen Ort auf falsche Weise Gottesdienst feiern.

Falsch? Jaja, das Wort ist schwierig. Natürlich meine ich nicht, dass man Gottesdienst „falsch" feiern kann. Aber ich meine damit: Für mich ist Sonntagmorgens zum Beispiel einfach eine blöde Zeit. Da gehe ich – egal zu was – nicht gerne irgendwohin. Also allein die Uhrzeit eines Gottesdienstes entscheidet für mich schon darüber, ob ich eher hingehe oder nicht. Auch der Ort ist für mich durchaus entscheidend. Eine kalte, dunkle Kirche – ich kann mir durchaus einladendere Dinge vorstellen.

Und die Art und Weise? Hey – wir sind einfach verschieden! Ich stehe nun mal weniger auf Orgelmusik. Andere stehen weniger auf Bandmusik. Das eine ist ja nicht falsch und das andere richtig. Es sind einfach verschiedene Arten Gottesdienst zu feiern. In diesem Sinne gibt es – so glaube ich – einfach Gottesdienste, die aufgrund von Ort, Zeit, Art und Weise, für manche Menschen das „falsche" Angebot liefern. Für andere wiederum genau das Richtige.

Also was will ich sagen? Ich wünsche mir volle Kirchen, weil ich mir wünsche, dass möglichst viele Menschen so mit Kirche in Kontakt kommen, dass sie sich dann – sozusagen: begründet – für oder gegen unser „Angebot" entscheiden können. Wer aber nie mit dem „Eigentlichen" – unserer Botschaft – in Kontakt kommen konnte, weil äußere Dinge ihn davon abgehalten haben, der hat sich gar nicht „begründet" für oder gegen etwas entschieden. Sondern vielleicht einfach nur entschieden, dass Sonntagmorgens – egal was es ist – nichts Gutes stattfinden kann. Oder dass die Veranstaltung, wo es nur Orgelmusik gibt, nichts für einen sein kann.

So, lange Rede, endlich kommt der Sinn: Weil ich all das denke, beschäftige ich mich viel mit der Frage nach Veränderungen in der Kirche. Neue Gottesdienstformen. Neue Angebote. Kirche an anderen Orten. Zum Beispiel mit der popupchurch sind wir da ja kreativ unterwegs.

Aber. Und jetzt kommt das Aber. Inzwischen glaube ich, dass wir eigentlich gar keine große Kirchenreform brauchen. Sondern nur zwei Dinge: 1) Pastoren, die Gottesdienste voller Begeisterung feiern. 2) Eine richtig bunte Vielfalt an Pastoren. Was ich damit meine?

Wir brauchen Pastoren, die Gottesdienste voller Begeisterung feiern!

Ich frage mich wirklich viel, wie Gottesdienste für die aussehen können, die (noch) nicht (mehr) da sind. Also was an unseren Gottesdiensten ist einladend, was nicht? Was ist abstoßend für Außenstehende? Auch mit der popupchurch sind wir immer wieder auf der Suche, wie wir als Kirche dort sein könn(t)en, wo die Menschen sind.

Und doch denke ich: Das Einfachste ist, wenn wir einfach voller Leidenschaft und Begeisterung so Gottesdienst feiern, wie wir nun mal eben gerne Gottesdienst feiern. Wenn jeder Pastor (jaja und natürlich auch jede Pastorin!) am Sonntag genau das macht, worauf er bzw. sie so richtig Bock hat – das wird ansteckend wirken! Und am Ende sind es ja nicht nur die Pastoren, sondern die gesamten Gemeinden.

Lasst uns Gottesdienste so feiern, wie wir sie gerne feiern. Nicht, wie „man es schon immer gemacht hat". Nicht, wie „man es vermutlich tun sollte". Sondern so, wie ihr gerne Gottesdienst feiert. Begeisterung wirkt ansteckend. Wer begeistert ist, ist einladend – ohne es aktiv sein zu müssen.

Ich habe mich so häufig gefragt, wie Gottesdienste für Neue und Außenstehende aussehen könnte. Und weißt du was? Keine Ahnung! Aber was ich dafür um so besser weiß: Wie ich gerne Gottesdienst feiern würde. Wie Gottesdienste aussehen, die mich begeistern. Und hey, das ist jetzt einfach meine These. Aber ich glaube, dass genau das, das Beste ist, was wir tun können.

Natürlich finden nicht alle Menschen toll, wie ich Gottesdienst feiern möchte. Aber es wird welche geben. Und es werden sich mehr Menschen zu einem Gottesdienst einladen lassen, in dem Pastor und Gemeinde so richtig Bock auf die Veranstaltung haben, als zu einem Gottesdienst der „perfekt" für Gäste ist, aber dadurch letztlich auch ohne Herz und Leidenschaft. Oder eben nur mit Herz und Leidenschaft für die Neuen. Aber nicht für die Sache an sich.

Klingt so, als wollte ich sagen, dass alles so bleiben kann, wie es ist? Nein, ganz und gar nicht! Denn zum einen unterstelle ich, dass wir eine viel buntere Gottesdienst-Landschaft haben, wenn wirklich jeder Pastor/jede Pastorin so feiert, wie er/sie gerne feiert (und ja, es geht nicht nur um Pastoren, ich weiß – also denk dir statt Pastor/Pastorin ruhig immer so ein „/Gemeinde/Kirchengemeinderat" dazu ;-)); und zum anderen habe ich ja noch einen zweiten Punkt:

Wir brauchen eine richtige bunte Vielfalt an Pastoren!

Was ich damit meine? Schluss mit diesem Einheitsbrei! Natürlich sind wir alle irgendwie verschieden. Wenn ich meinen Vikarskurs anschaue – klar sind wir verschieden. Und am Ende doch irgendwie größtenteils auch ganz schön ähnlich. Und warum? Weil wir alle durch das gleiche

Nadelöhr mussten: Das Theologiestudium. Und: Weil wir alle durch die gleiche Ausbildung mussten: Das Vikariat.

Was daran schlimm ist? Grundsätzlich nichts. Aber beides fördert keine Vielfalt. Denn das Studium schafft nicht jeder. Das schafft schon mal nur der, der gut mit Hebräisch, Griechisch (und Latein) zurecht kommt. Und das Vikariat? Das kennt eben leider quasi keine Profilierung. Ich habe in meiner Ausbildung eine einzige Gottesdienstform (kennen)gelernt: Der klassische 10- Uhr-Gottesdienst.

Also: Ich glaube, wir brauchen so eine richtig bunte Truppe an Pastoren und Pastorinnen – und wenn dann jeder einfach das macht, was er/sie gerne macht? Dann haben wir eine bunte und lebendige Kirche. Mit vielfältigen Gottesdienstangeboten. Und ich behaupte einfach mal: Dann sind die Kirchen auch voller! Warum? Weil ich eher in einen Gottesdienst gehe, von dem Leute erzählen. Weil ich eher in einen Gottesdienst gehe, wenn ich aus einer bunten Palette auswählen kann.

Letztlich ist es mit den Kirchen wie mit dem Craft-Bier. Ich war vor einiger Zeit in einer Kneipe, in der es eine große Auswahl an Bieren gibt, die so nicht auf jeder Karte stehen (und davon ist viel Craft-Bier). Das Bier ist auch nicht wirklich billig, aber weißt du, was mich an dem Laden gepackt hat? Diese Begeisterung der Besitzer/Bedienung, wenn sie mir von ihren Bieren erzählen. Die Augen leuchten und mir werden die Biere in den buntesten Farben beschrieben.

Nicht jedes Bier schmeckt mir dort! Aber sie haben sehr verschiedene Biere und sie können jedes dieser Biere mit Begeisterung empfehlen.

Klar, dieser Vergleich hinkt mehrfach. Aber: Bist du nicht auch froh, dass es nicht nur Pils gibt? Komm schon! Ja, wenn ich ehrlich bin: Ich glaube, ich wünsche mir Kirche so ein wenig wie die Craft-Bier-Szene. Es gibt auf einmal unzählige neue Biere. Und ja: viele davon sind echt nicht mein Geschmack. Aber es gibt auf einmal eine (Geschmacks-)Auswahl an Bieren... ich bin mir sicher, dass der eine oder andere nun Bier trinkt, für den es vorher nichts war.

Also... ich wünsche mir eine Kirche, die eine bunte Palette an Gottesdiensten im Angebot hat – ganz wie die Craft-Bier-Szene.

Und ich wünsche mir eine Kirche, die ihre Gottesdienste so begeistert feiert, wie mir die Biere in dieser bestimmten Kneipe in Hamburg angepriesen wurden (und by the way: die Biere sind wirklich lecker!).

Achso, die Kneipe heißt übrigens „Alles Elbe". Kann ich wirklich empfehlen. Von daher... wäre mein Vorschlag: Wir treffen uns alle demnächst auf ein leckeres Bier an genanntem Ort und dann hören wir auf uns Gedanken über Kirchenreformen zu machen. Und feiern dafür Gottesdienste so, wie wir es gerne tun. Und zwar aus Leidenschaft und mit Begeisterung.

PREDIGTEN
LANGWEILEN MICH!

25. Juni 2018 - juhopma

Viele Predigten langweilen mich. Nicht selten schweife ich nach wenigen Minuten mit meinen Gedanken ab. Das hat verschiedene Gründe. Einer ist aber mit Sicherheit, dass häufig über ähnliche Themen gepredigt wird. Das merke ich an mir und meinen eigenen Predigten auch schon jetzt. Daher möchte ich wissen: Über welche biblischen Texte würdest du gerne mal eine Predigt hören? Oder: Über welches Thema würdest du gerne mal eine Predigt hören?

Zugegeben: Meine Predigten werden sicherlich auch immer eine gewisse Anzahl an Leuten langweilen. Also ich möchte hier nicht meine gegen andere Predigten ausspielen. Aber trotzdem kann ich sagen: Viele Predigten langweilen mich. Manche, weil sie einfach so schnarchig vorgetragen werden, dass ich schon nach wenigen Minuten beim kommenden Mittagessen bin. Andere, weil sie in irgendwelchen Welten unterwegs sind, die einfach nichts mit mir zu tun haben.

Zugegeben II: Viele Predigten, die mich langweilen, werden andere ansprechend finden. Das ist ja auch bei Filmen, Büchern etc. nicht anders. Nicht allen gefällt alles. Nicht alles missfällt allen.

Und ich möchte mich gar nicht über Vortrag oder Gestaltung von Predigten hier auslassen, sondern über eine Sache, die ich schon jetzt nach zwei Jahren Vikariat bei mir selbst merke: Es passiert schnell, dass ich in meinen Predigten über sehr ähnliche Themen predige.

Wie kann das passieren? Nun, wenn ich mir für jeden Predigt einen Bibeltext selber aussuche, dann ist die Gefahr vermutlich am Größten. Zum einen könnte ich nur die Texte auswählen, die ich kenne oder eben nur die, die ich gerne mag. Das ist aber zumindest bei mir nicht der Fall. Ich nehme für fast alle Predigten die Bibeltexte, die für den Sonntag vorgeschlagen werden.

Wie kann es dann trotzdem passieren? Tja, ich würde mal sagen: Es ist gar nicht so schwer, statt Dinge aus einem biblischen Text herauszulesen, auch Dinge in biblische Texte hineinzulesen. Man setzt eigene Schwerpunkte. Liest mit einer bestimmten Brille. Und das ist am Ende des Tages wohl auch einfach nur menschlich.

Aber: es kann eben auch dazu führen, dass Menschen von meinen Predigten nach einiger Zeit gelangweilt werden. Oder dass ich von anderen Predigten gelangweilt bin.

Vor – ich glaube ich muss schon fast von Jahren als Monaten sprechen – längerer Zeit bekam ich eine E-Mail mit zwei Listen. In der einen Liste waren lauter biblische Texte und (Predigt-)Themen gesammelt, die die Absenderin schon mehr als genug in Predigten gehört hatte. Und in der anderen Liste waren lauter Ideen, worüber man auch darüber hinaus mal predigen könnte.

Das fand ich spannend! Natürlich waren das zwei sehr subjektive Listen. Jeder hat andere Interessen, je nach Gemeinde bzw. PastorIn hört man sicherlich verschiedene Themen unterschiedlich häufig. Trotzdem: Am Ende ist ja irgendwie alles immer persönlich und subjektiv gefärbt – aber die Idee hinter den Listen fand ich ausgezeichnet: einfach mal die „Gemeinde" fragen, welche Themen sie nun „oft genug" gehört hat. Und bei welchen Themen noch sehr große Fragezeichen vorhanden sind.

Aber man kann es nicht nur auf Themen begrenzen. Auch biblische Texte werden nicht alle gleich für Predigten vorgeschlagen. Daher finde ich es auch sehr spannend die

Gemeinde zu fragen, über welche biblischen Texte sie gerne etwas hören möchten.

So, nun bin ich nur Vikar. Und das hier ist ein Artikel aus meinem Blog – jetzt in einem Buch. Ich schreibe also (zum Teil) wildfremden Leuten und frage hiermit nicht eine Gemeinde. Trotzdem: Ich freue mich sehr über deine Themenvorschläge. Oder auch biblische Texte, über die du gerne mal eine bzw. mehrere Predigten hören würdest!

Schreib mir einfach – ich bin gespannt und werde sie alle in meine „Das könnte man auch mal machen"-Liste einfügen – und ich habe mir zumindest vorgenommen, immer mal wieder auf diese Liste zu schauen und mich „inspirieren" zu lassen. Ob das dann am Ende hilft, dass Leute meine Predigten tendenziell weniger langweilig finden... das muss dann jemand anderes beurteilen. Aber ich möchte wenigstens ein „er war stets bemüht" am Ende abbekommen, okay?

WAS MACHT EIN
VIKAR
EIGENTLICH SO?

9. September 2018 - juhopma

Vikare sind Pastoren in der Ausbildung. Aber was macht man da eigentlich so? Den Tag oder die Woche über? Arbeiten Pastoren nicht nur sonntags und den Rest der Woche haben sie frei? Naja. Fast. Eine Jobbeschreibung. Eine Liebeserklärung. Und ein Aufruf. #werdetvikare #vikaregesucht #traumjob

Nein, ich gucke nicht nur Netflix. Manchmal auch Amazon Prime. Und Neuerdings auch Dazn. Gut, und Zeit lesen muss ich ja auch noch zwischendurch. Also… das Leben als Vikar ist gar nicht so unstressig!

Nein im Ernst: Was ich als Vikar den Tag oder die Woche über mache? Ich glaube, ganz allgemein kann ich sagen: Das ist von Tag zu Tag und von Woche zu Woche verschieden. Das kann man lieben. Oder hassen. Ich finde es toll und genieße es – und kann es dir nur empfehlen!

Aber erstmal grundsätzlich: Das Vikariat als Ganzes ist der praktische Ausbildungsabschnitt auf dem Weg, um Pastor zu werden (erst – bei mir – sechs Jahre Theologiestudium, dann 2 ½ Jahre Vikariat). Und im Vikariat gibt es dann wiederum zwei verschiedene „Arbeitssituationen": Entweder ich bin in der Gemeinde oder im Predigerseminar.

Letzteres ist immer blockweise von Montag-Freitag mit meinem gesamten Kurs zusammen (ich glaube wir sind noch 12 aktuell). Die Seminare haben ganz verschiedene Themen und Inhalte. Am Anfang gab es z.B. Wochen zu Pädagogik, es gab mal eine Woche zum Thema Beerdigung, zu Leitung etc. Diese Seminarwochen sind nicht nur theoretisch, aber im Vergleich zur Gemeinde eher der „theoretische Teil" des Vikariats.

Das Predigerseminar und das Leben dort als Vikar wäre vermutlich einen eigenen Beitrag wert. Ich will dir aber jetzt erstmal nur von meinem Arbeiten als Vikar in der Gemeinde erzählen.

Wenn ich gefragt werde, wie ich arbeite, dann sage ich meistens: Ich arbeite wie ein Selbstständiger – nur mit gesichertem Gehalt. Damit meine ich: Natürlich gibt es feste Termine in der Gemeinde bzw. in meinem Vikariat. Z.B. habe ich als Vikar einmal die Woche eine sog. „Regionalgruppe" – wir (sechs Vikare aus Hamburg) treffen uns für vier Stunden Supervision mit unserem Mentor. Und es gibt auch feste Zeiten, an denen sich alle (angestellten) Mitarbeiter meiner Gemeinde zur Besprechung treffen. Einmal im Monat ist auch Kirchengemeinderat (das Leitungsgremium der Gemeinde) und es gibt je nach Gemeinde noch weitere feste Verwaltungs-, Planungs-, oder Leitungsgremien. Aber es bleibt eben auch viel Zeit, die ich mir selber einteile – deshalb meine Beschreibung, dass ich (zumindest teilweise) arbeite wie Selbstständiger.

Als Pastor hat man eine 7-Tages-Woche, die einem als 6-Tages-Woche verkauft wird. Wir Vikare leben in irgendeiner Zwischenwelt (beim Urlaub gilt die 5-Tages-Woche für uns, beim Arbeiten dann wiederum nicht). Fakt ist: Wir haben nicht einfach einmal die Woche Wochenende – und damit frei. Wir haben auch nicht zwei andere Tage in der Woche frei.

Kirchenrechtlich sollen Pastoren darauf achten, dass sie pro Woche einen dienstfreien Tag haben. Bei vielen ist das der

Montag. Auch in meinem Vikariat war der Montag mein „freier" Tag. Zumindest habe ich versucht, an diesem Tag keine Arbeitstermine zu haben. Alle anderen Tage sind Arbeitstage – aber keine „klassischen" Arbeitstage.

Es gibt Tage, da habe ich um 8 Uhr morgens einen Termin. Dann einen um 12, dann einen um 2, einen um 5 und dann noch einen um 8 Uhr abends. Aber manchmal habe ich auch nur mittags einen festen Termin. Oder nur abends. Oder nur morgens. Naja, also ich denke, du hast das Prinzip verstanden. In diesem Sinne ist einfach jeder Tag anders.

Das ist Vorteil und Nachteil zugleich. Auf eine Art bin ich sehr flexibel. Auf eine andere Art eben auch super unflexibel. Ich habe nicht einfach das Wochenende frei. Ich kann nicht schon jetzt sagen, dass ich nächstes Jahr im März am Wochenende kann. Denn vermutlich arbeite ich da. Auch arbeite ich nicht einfach X Stunden am Tag am Stück. Nicht selten fange ich morgens zwischen 8-9 mit der Arbeit an und schreibe noch abends um 12 an einer Predigt. Natürlich habe ich nicht durchgehend dazwischen gearbeitet (das kann aber auch passieren). Trotzdem: ein klassischer Feierabend? Als Vikar und Pastor nicht vorhanden.

Wir haben auch keine Stundenvorgabe. Ich habe keinen Vertrag, in dem steht, wie viele Stunden ich arbeiten soll. Es liegt in meiner Hand. Ich kann es versuchen entspannt zu gestalten. Oder – wie die meisten Pastoren – schnell auf 60

Stunden die Woche kommen. Das ist bei einer 7-Tages-Woche aber eben auch schneller erreicht, als man denkt.

Was für Termine hat man denn so als Vikar?

Die (festen) Termine je Woche sind sehr verschieden. Manchmal eben Gremienarbeit. Manchmal Gespräche mit Menschen (Seelsorge), manchmal Kasualien (Beerdigung, Taufe, Trauung) und entsprechende Vortreffen, in meinem Fall auch Auswertungsgespräche mit meinem Anleiter (der Pastor der Gemeinde, der mich mit ausbildet und begleitet).

Es gibt auch monatliche Zusammentreffen von allen Pastoren einer Region. Dann je nach Gemeinde sehr unterschiedliche Angebote in der Gemeinde (Gesprächskreise, Sportgruppen, Musikgruppen, Seniorenkreise, Jugendgruppen...) – zu diesen muss man natürlich nicht immer hin, aber je nach Gemeinde kann es sein, dass man in diesen Gruppen durchaus (stärker) involviert ist.

Trotzdem: Nach all den Terminen bleibt immer noch eine verhältnismäßig große Menge an „freier" Zeit. Was ich da so mache? Naja, ich benötige einen Teil dieser Zeit, um die Termine bzw. Treffen vorzubereiten.

Z.B. hatte ich einmal im Monat am Samstag Konfirmandenunterricht. Und einmal im Monat am Freitagabend Vorbereitung dieses Tages mit den Teamern. Das heißt: An sich nur zwei Termine. Aber ich musste erst das Vorbereitungstreffen vorbereiten und dann noch einmal den tatsächlichen Konfirmandenunterricht. Sprich: Beide Termine haben Vorbereitungs- und Nachbereitungszeit.

Oder wenn ich eine Beerdigung mache: Dann treffe ich mich mit der/dem/den engsten Angehörigen für ein Gespräch, vielleicht 2-3 Stunden. Ich plane dann die Trauerfeier und schreibe die Predigt – vielleicht nochmal 2-3 Stunden. Außerdem telefoniere ich mit dem Bestatter zwecks weiterer Absprachen. Und die eigentliche Trauerfeier an sich sind dann vielleicht nochmal zwei Stunden Zeitaufwand.

Für eine normale Predigt am Sonntag benötige ich dagegen deutlich mehr Zeit. Ich rechne mit 10 Stunden pro Sonntagspredigt. Aber auch andere Treffen müssen vorbereitet oder nachbereitet werden. In diesem Sinne gibt es viel Zeit, die vermeintlich „frei" ist da kein Termin ansteht, die mit anderen Terminen quasi „verbunden" ist.

Was für mich als Vikar noch quasi ausfällt, sind all die spontanen und unvorhergesehen Dinge. Als Pastor ist man in seinem Pastorat öffentlich erreichbar. Per Telefon und per Haustürklingel. Also es kann gut sein, dass man sich gerade erst hingesetzt hat, um endlich die Predigt vorzubereiten – und schon klingelt das Telefon oder jemand steht an der Haustür. Mal mit wichtigen Anliegen, manchmal vielleicht auch „nur" zum Reden. Trotzdem: Das führt dazu, dass jeder Tag nochmal deutlich anders kommen kann, als geplant. Das hatte ich im Vikariat eigentlich gar nicht. Was aber auch daran liegt, dass ich ja nicht im Pastorat direkt an der Kirche wohne. Und meine Telefonnummer ist auch nicht öffentlich bekannt.

Was ich an meinem Da-Sein als Vikar (und am Pastoren Da-Sein allgemein) sehr schätze: Wir haben sehr große Gestaltungsmöglichkeiten. Natürlich gibt es in jeder Gemeinde ein festes „Programm". Ich muss den Gottesdienst am Sonntag machen. Beerdigungen, Taufen, Trauungen stehen außer Frage. Ich muss auch zu den meisten der Verwaltungs-, Leitungs-, Planungsgremien hin. Konfirmandenunterricht muss sein.

Aber in den meisten Fällen bleibt dann noch Zeit zu einer persönlichen Gestaltung des Berufs. Ich z.B. konnte in meinem Vikariat meine Leidenschaft nach Musiktheater ausleben und habe Leute gesucht, mit denen wir dann ein Musiktheater-Stück in der Gemeinde aufgeführt haben. Oder ich konnte einen sog. „Glaubenskurs" für Erwachsene anbieten. Oder ich konnte einen Teil meiner „freien" Zeit dafür verwenden, um mit möglichst vielen Ehrenamtlichen meine Gottesdienste zu gestalten. Mit ihnen mal eine Predigt zusammenschreiben oder mich mit ihnen treffen und überlegen, wie wir den Gottesdienst gestalten wollen.

Sicherlich: Jeder Job hat Vorteile und Nachteile. Ich habe mir vor kurzem ausgerechnet, wie viele freie + Urlaubstage ein „normal" Angestellter hat (also 6 Wochen Urlaub und alle Wochenenden frei und alle Feiertage frei). Und wieviel ich frei habe und frei haben werde. Das ist höchstgradig ernüchternd. Wirklich.

Und ja: man arbeitet tendenziell irgendwie den ganzen Tag. Wie häufig habe ich mir gewünscht, einfach mal morgens zur Arbeit hin und abends zurück. Und ab Freitagmittag ans Wochenende denken. Hach…

Aber dann… bin ich eben doch sehr froh über all die Freiheiten und Möglichkeiten als Vikar bzw. Pastor. Bei allen Vorgaben und festen Terminen: Ich habe sehr viele Freiheiten. Freiheiten meinen Tag an sich zu gestalten. Freiheiten die Ausübung meines Jobs zu gestalten.

Ich arbeite viel mit Menschen. Verschiedenen Menschen. Ich darf planen und ausführen. Ich darf leiten. Ich kann Ideen einbringen. Ich darf mich von Menschen begeistern lassen. Ich kann alleine arbeiten. Muss ich aber nicht.

Ich habe mit fröhlichen und traurigen Situationen umzugehen. Ich darf Texte produzieren. Ich darf Texte vortragen. Ich kann mich mit genau meinen Stärken in meinen Beruf einbringen. Ich habe keinen direkten Chef, der darauf achtet, wann und wie ich arbeite. Ich schreibe z.B. sehr gerne spätabends und nachts meine Predigten. Und meistens ist das kein Problem, denn dafür kann ich ja am nächsten Morgen später aufstehen.

Also, ich glaube, was ich eigentlich sagen möchte: Werdet Vikare! Werdet Pastoren! Ich bekomme keine Provision und wurde nicht zu dieser Aussage gezwungen. Kein Scheiß: Ich mag meinen Job sehr! Ich freue mich sehr darauf Pastor zu werden!

Klar, das Theologiestudium... naja. Ist nicht für jeden was. Ich war damit glücklich. Und das Vikariat und die Kirche – du weißt ja durch meinen Blog oder durch dieses Buch, dass ich mich durchaus reibe. Aber ganz im Ernst: Selbst für einen Meckerer wie mich ist Platz in dieser Kirche. Selbst diese Freiheit wird mir geschenkt. Andere Arbeitgeber hätten mich vermutlich schon längst rausgeworfen.

Ich gebe zu bzw. sage ganz offen: Ich halte nichts davon, wenn du jetzt Pastor werden willst, nur weil der Beruf so toll ist. Ich bin davon überzeugt, dass man sich – auf eine Art – „berufen" fühlen sollte, um Pastor zu sein.

So doof der Satz klingt, er stimmt für mich: Pastor sollte mehr als ein Beruf sein. Er sollte Berufung sein. Aber wenn du dich auch nur ansatzweise berufen fühlst, einen inneren Ruf hast, dich von Gott geleitet führst, aus eigener Überzeugung darüber nachdenkst, Pastor zu werden und den Menschen von Jesus zu erzählen – ganz im Ernst. Dann werde Vikar. Und natürlich auch Vikarin. Werde Pastor oder Pastorin!

Und wenn du noch Fragen hast: einfach schreiben!

10 ½ THESEN
ZUR ZUKUNFT
DER KIRCHE

15. September 2018 - juhopma

**Die Zukunft der Kirche – wie wird sie aussehen? Oder:
wie wird die Kirche in Zukunft aussehen? 10 ½ Thesen!**

10 1/2 Thesen zur Zukunft der Kirche – für welche Zukunft? Und für welche Kirche? Ich meine – wie eigentlich immer in meinen Beiträgen die „Landeskirche". Also... eigentlich immer die evangelische Landeskirche. Du wirst aber in einigen Thesen merken, dass sich die Thesen dann zum Teil auch außerhalb der evangelischen Landeskirche bewegen.

Tja, und welche Zukunft? Ich weiß es nicht. Wirklich nicht. Und habe mir bewusst darüber keine Gedanken gemacht. Ob es also 2030 oder 2100 meint... lassen wir es einfach offen, wenn das für dich okay ist? Vielleicht gilt ja auch je These eine ganz andere „Zukunft". Und vielleicht... ist das ja auch ein guter Anfang für eine anschließende Diskussion? Ich freue mich über deine Anmerkungen, deine Kritik, deine Gedanken – nun aber erstmal die 10 1/2 Thesen zur Zukunft der Kirche:

1. Weniger Kirche – mehr Gemeinde

Wir werden in Zukunft wieder mehr Gemeinden haben und weniger Verwaltungskirche. Die großen Strukturen der Landeskirche werden gewollt und erzwungener Maßen stark reduziert.

Die Ebene des Kirchenkreises wird vollständig verschwinden. Die Eigenständigkeit jeder Gemeinde deutlich zu nehmen. Funktionspfarrstellen wird es keine mehr geben (also all die Pastoren, die nicht einer bestimmten Gemeinde zugeordnet sind). Dafür werden die frei gewordenen Ressourcen wieder in die Stärkung der klassischen Ortsgemeinde verwendet. Es entstehen neue, kleinere Gemeindegebiete und Gemeinden. Das führt insgesamt zu einem höheren Zugehörigkeitsgefühl, zu höherer Verbundenheit und Verbindlichkeit bei allen „Mitgliedern" (siehe 2.).

2. Abschaffung von Kirchenmitgliedschaft und Kirchensteuer

Als erster Schritt werden die Einnahmen durch die Kirchensteuer deutlich abnehmen. Dafür werden direkte Spenden zunehmen. Menschen werden nicht für „die Kirche" Geld geben, aber für den neuen Dachstuhl, Neugestaltung des Spielplatzes etc. Dies liegt auch daran, dass (siehe 1.) durch die erhöhte Anzahl an Gemeinden und die dadurch gestiegene Nähe/Verbundenheit zu den Gemeinden Menschen genau sehen (wollen), wofür und wie ihr Geld eingesetzt wird.

Langfristig werden die Kirchensteuereinnahmen so gering sein, dass sie abgeschafft wird. Entsprechend ist eine Kirchenmitgliedschaft in ihrer aktuellen Form hinfällig und wird auch abgeschafft. Das führt aber nicht zu einer Vielzahl von „Freikirchen". Der Verbund „Landeskirche" wird bestehen bleiben – nur eben in einer neuen Form. Ohne die bisherige Form der Mitgliedschaft und Kirchensteuer.

3. Starke Reduzierung und Fokussierung der kirchlichen Angebote

Wir werden unser „Portfolio" an Angeboten stark reduzieren. Dies liegt natürlich auch daran, dass uns weniger Gelder zur Verfügung stehen und dass wir den Großteil der Verwaltungskirche mit ihren Funktionspfarrstellen abgeschafft haben. Wir werden nicht mehr in dem Luxus leben, dass es an allen möglichen Orten und Punkten des gesellschaftlichen Lebens hauptamtlich und Vollzeit angestellte Pastoren geben wird. Auch die Angebote in den Gemeinden werden vielfach deutlich reduziert. Insgesamt kommt es zu einer starken Fokussierung unserer kirchlichen Angebote. Wir konzentrieren uns auf unseren Kern. Unsere Hauptbotschaft. Auf unseren „unique selling point". Auf das, was nur wir im Angebot haben: Jesus Christus.

4. Revolution der pastoralen Ausbildung und Abschaffung von Hauptamtlichen

In Zukunft werden Pastoren nicht mehr nur an Universitäten ausgebildet. Es wird verschiedene Möglichkeiten geben Pastor zu werden. Auch berufsbegleitend ist es nun z.B. möglich. Insgesamt wird die Ausbildung kürzer und profilierter. So entstehen sehr verschiedene Arten von Pastoren.

Diese werden aber nicht mehr Hauptamtliche, sondern nahezu ausschließlich Ehrenamtliche sein. Unsere Kirche wird eine Ehrenamtskirche sein. Kirchenmusiker, Sekretäre, Pastoren, Diakone – unsere Gemeinden werden auf ehrenamtlicher Basis funktionieren. Das führt auch zu einem völlig neuen Pastorenbild: Sie sind nicht mehr die One-Man-Show, sondern ein (theologisch-gebildeter) Teil der Gemeindeleitung.

Auch Diakone, Gemeindepädagogen und Kirchenmusiker werden vielfältige Ausbildungswege kennen. Lehrer lassen sich berufsbegleitend theologisch schulen und werden Gemeindepädagogen. Professionelle Musiker oder begeisterte Hobbymusiker lassen sich entsprechend fortbilden, um Kirchenmusiker sein zu können.

5. Verlust der allermeisten Mitglieder

Ohne Kirchensteuer und mit einhergehender Abschaffung der bisherigen Kirchenmitgliedschaft werden wir nur noch einen Bruchteil der bisherigen Mitglieder haben. Mitglied ist nun nur noch, wer sich aktiv zu einer Gemeinde zugehörig fühlt und dies auch an eine neue Form der Mitgliedschaft binden möchte (diese hat aber keine steuerlichen Folgen).

Diese „verlorenen" Mitglieder werden in Zukunft noch weniger an normalen Gottesdiensten teilnehmen. Dafür werden sie stärker zu bestimmten Anlässen die Kirche und ihre Gottesdienste aufsuchen. Daher wird die Kirche der Zukunft Kasualien (also Beerdigung, Taufe, Trauung) verstärkt bewerben und anbieten. Auch neue Kasualien (also alle möglichen Gottesdienste zu besonderen Anlässen und Übergängen in unseren Biografien) werden besonders für diese früheren Mitglieder angeboten und auch wahrgenommen. Der Verlust der allermeisten Mitglieder geht daher nicht mit einer deutlich gesunkenen Reichweite der kirchlichen bzw. gottesdienstlichen Angebote einher. Entsprechend definieren wir als Kirche uns weniger über Mitgliedschaftszahlen, sondern über tatsächliche „Besuchszahlen".

6. Das Abendmahl wird zum neuen Mittelpunkt

Das letzte was Jesus tat? Essen. Beim Essen entstand christliche Gemeinschaft. Zwischen Menschen aller möglichen Milieus und Schichten. Beim Essen erkannten seine Jünger ihn nach der Auferstehung wieder. Im Leben von Jesus war gemeinsames Essen das alle Verbindende. Jesus saß mit verschiedensten Menschen (gleichzeitig) an einem Tisch. Auch wir als Kirche werden dies als das uns Verbindende erkennen. Nicht der Gottesdienst, sondern das Abendmahl (mit gemeinsamer vollständiger Mahlzeit) wird der Ort sein, an dem die gesamte Gemeinde zusammenkommt.

7. Eine bunte Gottesdienst-Vielfalt

Der agendarische (heute klassische) 10-Uhr Gottesdienst wird nur noch ein Nischenangebot sein. Die Gemeinden werden zu allen möglichen Uhrzeiten an verschiedensten Tagen in unterschiedlichster Form Gottesdienste feiern. Unsere Liturgien und Lieder haben eine wahre Revolution erlebt. Viele Gemeinden schreiben ihre Lieder selber. Die bunte Vielfalt an Pastoren hat zu einer Belebung aller Gottesdienste geführt. Die erhöhte Eigenständigkeit der Gemeinden hat echte Freiheit für Veränderungen geschenkt. Auch die Kirchenmusik wurde durch den erweiterten Ausbildungszugang ganz neu bereichert.

Gottesdienste sind neben dem Abendmahl das zweitwichtigste Angebot der Gemeinden. Kirche wird wieder verstärkt als eine Gemeinschaft wahrgenommen, die Gottesdienste feiert. Die allermeisten „Mitglieder" einer Gemeinde kommen nur zum Gottesdienst und/oder Abendmahl.

8. Kirche wird eins sein

Wir werden es uns in Zukunft (als Kirche in Deutschland) nicht mehr leisten können, uns in Konfessionen zu verlieren. Es wird nicht katholische und evangelische Gottesdienste geben. Sondern einfach Gottesdienste der christlichen Kirche. Aufgrund der Vielfalt an Gottesdiensten und Gemeinden gibt es aber weiterhin sehr verschiedene

Gottesdienste, so dass es „katholisch" und „evangelisch" oder „reformiert" geprägte Gottesdienst-Formen durchaus geben kann.

Aber eine Trennung auf Verwaltungsebene ist viel zu kostspielig für uns in Zukunft. Wir sammeln alle Ressourcen und werden an den wichtigsten Punkten in Einigkeit friedlich zusammenarbeiten.

An schwierigen Punkten, also bei Differenzen, entstehen Profilgemeinden, die aber in ihrer Verschiedenheit nebeneinander bestehen. Das was uns eint (Jesus), wird stärker sein als das, was uns trennt (Theologie).

9. Gemeinde- statt Kirchendiakonie

Kirche wird die aktuelle Form der Diakonie von sich abspalten. Für diesen großen „Apparat" wird die Kirche der Zukunft viel zu klein sein. Die aktuellen diakonischen Angebote werden weitergeführt und erhalten, aber nicht als Teil der Kirche.

Dafür werden die Gemeinden zum Teil eigene (kleine) diakonische Projekte gründen. Vor allem aber werden sich die Christen in ihrer Freizeit dort einbringen, wo sie benötigt werden. Da das Angebot in den Gemeinden deutlich reduziert wurde, sind weniger Ehrenamtliche unter der Woche eingebunden. Insgesamt wird es weniger klar kirchliche diakonische Projekte geben und dafür mehr

Christen, die sich in verschiedensten anderweitigen (quasi diakonischen) Projekten einbringen.

10. Gemeinsame Nutzung von Gebäuden

Die Kirche der Zukunft wird noch immer eigene Gebäude und Grundstücke haben. Denn wir waren klug und haben diese behalten. Auch unsere Kirchen stehen immer noch und gehören uns. Es sind Leuchttürme. Magneten. Anziehungspunkte. Menschen spenden sogar gerne Geld für den Erhalt dieser Gebäude. Aber: Wir werden unsere Gebäude und Grundstücke nicht mehr alleine nutzen. Neben Abendmahl und Gottesdienst sind unsere Räumlichkeiten von uns kaum genutzt. Daher vermieten wir, teilen wir, was wir besitzen. Kirchen und kirchliche Gebäude werden zu lebendigen Mittelpunkten in Dörfern und Stadtteilen. Wir haben uns damit abgefunden, dass in unseren Kirchen nicht nur kirchliche Veranstaltungen stattfinden. Allerdings haben wir klare Regeln aufgestellt, was dort geschehen darf und kann.

10 ½. Wir werden missionieren und missioniert werden

Die Kirche der Zukunft ist keine „Landes"-kirche, wie wir sie heute kennen. Sie ist keine Mehrheitskirche. Eines Tages werden die christlichen Kirchen aus Deutschland vielleicht wieder große Theologen hervorbringen. Vielleicht wird man eines Tages über die gelungene Transformation schreiben und berichten. Bis dahin werden wir uns (schmerzhaft) eingestehen, dass wir nicht der Nabel der (theologischen) Welt sind.

Ganz im Gegenteil: Wir werden viel von Christen und Kirchen aus anderen Ländern lernen. Uns werden Missionare geschickt. Unsere armen Gemeinden werden finanziell aus dem Ausland unterstützt.

Gleichzeitig haben wir für unsere Gemeinden den Begriff der Mission grundsätzlich neu und positiv gefüllt. Wir haben uns auf unseren Auftrag, unsere Mission, konzentriert: Wir erzählen Menschen die frohe Botschaft. Wir erzählen von einem Gott, der Mensch wurde. Wir erzählen von Jesus.

Aber: Wir erleben auch, dass Menschen *uns* von Jesus erzählen. Die Offenheit für (missionarische) Impulse von außerhalb erleben wir als große Bereicherung. In diesem Sinne missionieren wir und lassen zeitgleich zu, selbst missioniert zu werden.

YOGA
GEHÖRT (NICHT) IN DIE KIRCHE!

8. Oktober 2018 - juhopma

Es wird nicht alles christlich, nur weil wir es als Kirche anbieten. Und nicht alles, was irgendwie spirituell ist, hat etwas mit dem christlichen Glauben zu tun. Ein Plädoyer, warum Yoga (nicht) in unsere Kirchen gehört. Und die bittere Erkenntnis, dass wir als Kirche in einer spirituellen Armut leben.

Vor kurzem habe ich einen Seminartag zu Spiritualität erlebt. Spiritualität, das ist… ja, da geht es eigentlich schon los. Irgendwie ist es heute ziemlich schwer zu sagen, was Spiritualität alles ist und was nicht. Ich wäre ja schon froh, wenn wir relativ genau sagen könnten, was christliche Spiritualität eigentlich ist.

Ich glaube, die meisten verstehen unter christlicher Spiritualität, das „wie" unseres christlichen Glaubens. „Wie" lebe und gestalte ich diesen Glauben? Man könnte in diesem Kontext statt Spiritualität auch „Frömmigkeit" sagen. Was ist „meine Frömmigkeit"? Oder deine?

Also: Wie lebst du deinen Glauben und wie lebe ich meinen? Und wie all die anderen? Oder auch: wie „praktizieren" wir Christen unseren Glauben?

Wenn man sich das weltweit unter allen Christen anschaut, dann stellt man fest, dass wir sehr unterschiedliche Formen der Praktizierung finden. Unterschiedliche Arten, den Glauben zu leben.

Und so manches, was in Afrika, Südamerika, Asien oder auch einfach nur in einer anderen Gemeinde oder Konfession gelebt wird, scheint dem eigenen ganz schön fremd. Als ich vor kurzem in St. Petersburg die orthodoxe Kirche genauer kennenlernen durfte… da war deren Spiritualität, deren Art ihren Glauben zu praktizieren, doch durchaus fremd. Manches fand ich komisch. Manches sogar abstoßend. Und anderes wieder richtig interessant! Und vermutlich ist es andersrum ähnlich.

Wenn wir das alles aber ein wenig runterbrechen und weggehen von der ganzen Welt, weggehen von verschiedenen Konfessionen und einfach nur bei unserer evangelisch-lutherischen Kirche in Deutschland – oder sogar in Norddeutschland bleiben – dann… möchte ich die These aufstellen, dass wir in einer spirituellen Armut leben.

Was ich damit meine?

Kurioserweise haben wir anscheinend ein absolut überweitetes Verständnis davon, was christliche Spiritualität ist (dazu kommen wir gleich noch – ich sage nur Yoga), und zugleich leben wir quasi in einer spirituellen Monokultur.

Monokultur ist vermutlich etwas scharf. Was ich damit aber meine: Während meiner Ausbildung als Pastor habe ich mehrfach Input für „Spiritualität" bekommen. Sie sah jedes Mal sehr ähnlich aus und hatte immer etwas mit Atemübungen zu tun. Loslassen. Zu sich finden. Ruhig werden. Sich und seinen Körper spüren.

Mein Ding ist das nicht. Deshalb ist sie nicht falsch! Aber dass neben dieser einen möglichen Form der Glaubenspraxis alle anderen irgendwie nicht so richtig vorkamen… lässt mich erahnen, wieso wir in Kirche noch immer gerne eine Mitte gestalten und zwar vorzugsweise mit Tüchern, einem Kreuz und ein paar Teelichtern. Für manche ist das schön. Naja. Für manche eben. Es ist *eine* Art der Glaubenspraxis.

Dass wir spirituell nicht die Vielfalt leben, das könnte ich noch verkraften. Auf eine Art ist es ja auch nur konsequent. Das machen wir im Gottesdienst ja auch so. Und auch sonst gilt ja eher einfältiges als vielfältiges Auftreten. Aber was mich wirklich zur Rage bringt, ist, dass wir (offensichtlich) paradoxerweise zugleich ein völlig überweitetes Verständnis davon haben, was christliche Spiritualität alles sein kann.

Beispiel: Yoga. Yoga-Übungen haben erstmal nichts mit dem Christentum zu tun. So wie... z.B. auch Fußball. Beides ist per se nicht christlich oder unchristlich. Ich kann in meiner Freizeit Fußball spielen oder zum Yoga gehen – und zusätzlich Christ sein oder nicht.

Und ja, ich könnte nun einen Fußball-Treff mit oder für Christen aufmachen. Wir könnten in einer Kirche z.B. eine Fußball-Gruppe gründen. Dadurch würde der Fußball an sich aber nicht christlich werden. Wir könnten eine Andacht vor oder nach dem gemeinsamen Spielen feiern. Dann hätte der Fußball eine christliche Rahmung bekommen. Oder es ist eben einfach eine Gruppe von Christen, die Fußball spielen.

Genauso ginge es auch beim Yoga. Eine Andacht davor oder danach? Na, dann ist es doch eine prima Gemeindeveranstaltung. Oder es ist eben eine Yoga-Gruppe von Christen. Aber egal wie man es dreht und wendet: Yoga an sich wird nicht christlich. Häkeln übrigens auch nicht. Blockflöte spielen überraschenderweise auch nicht.

Und deshalb ist Yoga auch keine christliche Spiritualität. So wie Fußball, Häkeln und Blockflöte keine christliche Spiritualitäten (den Plural gibt es nicht!) sind. Und in diesem Sinne hat Yoga (als spirituelle Veranstaltung) in unseren Gemeinden erstmal nichts zu suchen.

Worauf ich mit all dem hinaus will? Ich möchte mich dagegen wehren, dass Yoga als christliche Spiritualität missverstanden wird. Yoga mag dir helfen, ganz zu dir zu kommen. Oder dich zu entspannen. Oder dich zu konzentrieren. Yoga mag viele schöne Effekte haben. Aber es ist keine christliche Glaubenspraxis. Es ist keine christliche Spiritualität.

Warum? Das ist jetzt nicht wissenschaftlich fundiert und steht so bestimmt nicht auf Wikipedia, aber wie wäre es, wenn wir uns Spiritualität vor allem vom „Spirit" herleiten? Bzw. im christlichen Kontext vom „holy spirit", also dem Heiligen Geist, also von Gott?

Dem folgend ist christliche Spiritualität für mich dann unsere christliche Glaubenspraxis, wie wir mit dem Spirit/dem Geist/Gott „in Kontakt" kommen. Das ist für sehr viele Christen weltweit sehr verschieden. Und das wird auch für sehr viele Menschen in Deutschland verschieden sein. Und deshalb empfiehlt es sich für uns als Kirche, dass wir auch auf „spiritueller Ebene" (also auf der Ebene der Zugänge zu Gott") Vielfalt statt Einfalt leben.

Aber diese Vielfalt kann und darf sich nicht derartig äußern, dass plötzlich „alles" christlich spirituell wird. Und warum nicht? Wieso darf ich das behaupten? Weil unsere möglichen Zugänge zu Gott „beschränkt" sind. Durch wen? Durch Gott selbst.

Unsere Zugänge zu Gott sind durch die Arten beschränkt, durch die Gott sich uns zeigt. Im Christendeutsch würden wir wohl „offenbart" sagen. Und durch was hat Gott sich nun offenbart? Hier müssen wir – so denke ich – klar unterscheiden: Durch was offenbart sich Gott uns unverkennbar und durch was erst auf einer zweiten Ebene?

Eine unverkennbare Offenbarung – damit meine ich Jesus Christus, die Bibel und unsere Sakramente (also mindestens Abendmahl und Taufe). Und eine Offenbarung auf zweiter Ebene, damit meine ich z.B. die Schöpfung.

Du verstehst nur Bahnhof? Sorry, noch ein Versuch: Wenn wir jetzt zusammen in die Natur gehen und von einem gewaltigen Naturereignis völlig überwältigt werden – ist uns dann der Gott der Bibel begegnet? Ist das ein eindeutiger Zugang zu unserem christlichen Gott? Wenn wir beide uns ans Meer stellen, den Wind spüren und uns Gott nahe fühlen – ist das dann ein eindeutiger Zugang zu unserem christlichen Gott?

Jaja, die Frage ist rhetorisch. Das ist es nämlich nicht. Genau aus dieser Erfahrung speisen sich auch Zugänge zu anderen Religionen/Göttern. Vielleicht begegnet uns da ja auch Zeus.

Oder der Gott des Windes oder was weiß ich. Oder gar kein Gott, sondern es ist einfach nur Wind.

Aber: sobald wir im christlichen Glauben stehen, kann die Natur für uns natürlich als ein Zeichen für oder von Gott verstanden werden. Dann stehen wir vielleicht am Meer und bestaunen Gottes Schöpfung und fühlen uns ihm nahe. Aber dann ist es eine Offenbarung sozusagen auf einer zweiten Ebene.

Ganz anders verhält es sich z.B. bei Jesus. Er weist nur auf den einen Gott. Keinen anderen. Auch die Bibel weist nur auf den einen Gott. Und niemand tauft wie wir und feiert wie wir Abendmahl.

Also: Gott ist nicht in allem. Zumindest nicht unser christlicher Gott. Er ist nicht in jedem Baum. Und er ist auch nicht „da", wenn wir ganz bei uns sind oder unsere Mitte gefunden haben.

Gott hat sich uns in Jesus gezeigt. Er zeigt sich uns in der Bibel. Und wir erleben ihn in und durch unsere Sakramente.

Ganz schön lange Ausführungen, es tut mir leid. Ich höre auch gleich auf. Was mir wichtig ist: Wenn Spiritualität bedeutet, wie wir mit Gott in Kontakt treten, dann halte ich für legitime christliche Formen der Spiritualität, was eindeutige und unverkennbare Zugänge zu „unserem" christlichen Gott sind.

Und Atemübungen gehören nicht dazu. Das Finden der eigenen Mitte auch nicht. Die noch so großartige Natur genauso wenig. Fußball übrigens auch nicht. Biertrinken nicht. Häkeln nicht. Und leider, leider eben auch nicht die Blockflöten.

Ja, es mag sein, dass manche Leute Bier trinken und sich Gott nahe fühlen. Aber das macht es zu keiner christlichen Spiritualität. Denn am Ende ist eben das „Was?" doch entscheidender als das „Wie?". Nicht die Form bestimmt, ob eine Spiritualität christlich ist, sondern der Inhalt. Und das musste ich einfach mal sagen. Es hat nur ein paar mehr Worte als sonst gebraucht.

So, ich halte jetzt aber endlich meinen Mund, bzw. meine Finger still. Mein Plädoyer ist: Ich nehme eine Art spirituelle Monokultur in unserer Kirche wahr. Und deshalb: Ja, wir brauchen eine Vielfalt an spirituellen Formen in unserer Kirche! Aber das darf nicht zu einer Beliebigkeit führen. Der Inhalt bestimmt bei uns, was christlich ist. Auch bei unserer Spiritualität. Bei unseren Zugängen zu Gott, bei unserer Art, unseren Glauben zu leben.

DAS IST
EINFACHKIRCHE!

4. Dezember 2018 - juhopma

einfachkirche steht als Begriff für die Kirche, von der ich träume. einfachkirche steht für alle möglichen Ideen und Gedanken von mir, wie Kirche sich verändern könnte. Wie die Kirche von morgen aussehen könnte. In den letzten zwei Jahren haben sich einige Ideen gesammelt. Wer keine Lust hat juhopma.de komplett zu lesen – hier gibt´s jetzt eine Zusammenfassung! #einfachkirche #wassolldas #ideen #kirche #von #morgen

Warum heißt es einfachkirche?

Ich nenne es einfachkirche, weil ich damit meine, dass Kirche einfach Kirche ist. Kirche. Nicht mehr und nicht weniger. Und, weil ich glaube, dass Kirche einfach einfach nicht. Nicht kompliziert und schwer zu verstehen. Und, weil ich denke, dass wir als Kirche (wieder) einfach Kirche sein sollten. Und dafür ganz viel anderes sein lassen dürfen.

Ist die einfachkirche eine neue Kirche?

Kurz und knapp: Nein! Es geht nicht darum, eine neue Kirche zu gründen. Eigentlich geht es nur um Gemeinden. Um neue Gemeindeformen – und zwar innerhalb der Evangelischen Kirche in Deutschland. Ich könnte auch sagen: einfachkirche bündelt für mich Ideen rund um neue Gemeindeformen innerhalb der evangelischen Landeskirche.

Eine Craft-Bier-Kirche?

Ich meine damit: Die einfachkirche ist eine wirklich bunte und vielfältige Kirche. Und Bier ist mein Beispiel dafür. Es gibt in Deutschland „schon immer" viele verschiedene Biere. Aber so richtig abwechslungsreich wurde es erst durch die Craft-Bier-Szene. Auf einmal sind unzählige neue Biere auf den Markt gekommen. Und ja, viele davon sind nicht mein Geschmack. Aber vielleicht deiner. Besonders wichtig: Craft-Bier-Brauereien sind häufig klein. Und experimentell. Es steht kein großes Unternehmen dahinter. Auch einfachkirche funktioniert so. Neue Gemeindeformen müssen klein anfangen dürfen. Müssen experimentell sein. Neue Wege gehen. Zum Beispiel so wie wir es mit der popupchurch gemacht haben.

Die Kirche wird digital?

Okay, du hast recht: digital ist nicht unbedingt einfach. Aber für mich gehört zur einfachkirche auch, dass sie digitaler wird. Und für die meisten Menschen bedeutet das eben auch: einfacher zugänglich. Gemeindebriefe und Schaukasten sind für die meisten Menschen heute keine „natürliche" Informationsquelle mehr. Eine Möglichkeit darauf zu reagieren wäre eine App. Ich nenne sie gapp. Mehr habe ich dazu auf juhopma.de geschrieben. Schau gerne mal rein!

Die Kirche wird rund – und kommunikativ?

Weißt du was auch einfacher wird in der einfachkirche? Die Kommunikation. Wie? Unsere Kirchen werden rund. Naja, oder zumindest unsere „Ordnung" in den Kirchen (wir können die ja kaum alle abreißen und rund neu bauen :D). Also: Statt langen Reihen und irgendwo vorne der Altar, ist der Altar und das Kreuz in der Mitte der Kirche – und alles andere möglichst kreisförmig drumherum aufgebaut. Warum das alles? Zum einen zeigt es, was in der einfachkirche im Mittelpunkt steht: Jesus. Zum anderen ist diese Raumnutzung nahbarer. Kommunikativer. Man sieht sich als Gemeinde. Mehr Menschen sind „nah dran". Und es gibt weniger Distanz zwischen „denen da vorne" und dem Rest der Gemeinde.

Mehr Jesus?

Was wir häufig – aus meiner Sicht – viel zu selten tun: uns auf das konzentrieren, was nur wir als Kirche anbieten können. Was das ist? Ja, die Antwort ist erstmal einfach (merkste selbst: einfachkirche): Jesus. Wir sind eine christliche Kirche. Das ist es, was uns letztlich ausmacht: Der Glaube an, das Beziehen auf, das Verkündigen von Jesus Christus. Und das heißt für mich zunächst einmal: Am Ende des Tages geht es bei uns in der Kirche um Jesus. Das C in Kirche ist entscheidend. C wie Jesus Christus. Und deshalb steht in der einfachkirche Jesus im Mittelpunkt.

A- und B-Pastoren?

Ich glaube: wir brauchen mehr Möglichkeiten, um Pastor werden zu können. Mehr Wege als 6 Jahre Hochschulstudium. Und 2 ½ Jahre Vollzeit-Vikariat. Das sind fast immer also rund 9 Jahre Ausbildung! In der Kirchenmusik gibt es z.B. A und B Kirchenmusiker. Die einen haben (heutzutage) 3 Jahre Bachelor, die anderen 5 Jahre mit Master studiert. Wieso nicht ähnliches bei Pastoren? Vielleicht ja auch welche, die studiert haben, andere die eine Ausbildung gemacht haben? Jesus Jünger brauchten auch kein Theologiestudium. Mal so nebenbei. Also: die einfachkirche ist auch in ihren Pastoren bunt und vielfältig!

Und es gibt studierte Pastoren (das was heute „normal" ist) und daneben auch andere Arten von Pastoren.

Kein Geld mehr für die Pastoren?

Und wo wir schon mal bei den Pastoren sind: Ich glaube, dass es früher oder später eh dazu kommen wird und dass es aber sogar Vorteile für die Kirche hätte, wenn Pastoren ehrenamtlich arbeiten. Also einen „richtigen" Job haben und eben ehrenamtlich in der Gemeinde aktiv sind. Was ich daran toll finde? Weniger Pastorenkirche. Kirche lebt dann wirklich von den Leuten, die da sind. Und das macht – so meine These – Kirche kreativer und lebendiger.

Ist das Kirche oder kann das weg?

Kirche kann manchmal alles. Und irgendwie auch nichts. In der einfachkirche überprüfen wir all unsere Angebote und Veranstaltungen wirklich kritisch. Was davon ist Kirche und was nicht? Also: Ist das Kirche oder kann das weg? Das braucht Mut. Zum Wegwerfen. Zum Aufhören. Aber Kirche wird dadurch einfacher. Konzentrierter. Und profilierter.

Die Zeit ist post-konfessionell...?

Vor 400 Jahren hat man noch Kriege wegen verschiedener Konfessionen geführt. Und heute? Ganz ehrlich: Ich glaube die meisten Menschen in Kirche wissen gar nicht mehr, was die verschiedenen Konfessionen nun wirklich so richtig trennt. Ganz zu schweigen von all denen, die wenig bis selten zur Kirche kommen. Ich glaube: Wir leben in einer post-konfessionellen Zeit (zumindest in Deutschland). Und deshalb ist die einfachkirche auch post-konfessionell. Auch wenn sie eine evangelische Kirche ist.

Einfachkirche verzichtet auf die Einheit?

Wir leben post-konfessionell. Und post-modern. Und völlig differenziert. Kaum etwas zeigt, wie verschieden die Menschen in unserer Gesellschaft sind, wie die Milieu-Studien. Außerdem zeigen sie: Wir als Kirche sind unglaublich milieu-verengt. Wir bieten einen Gottesdienst an, der in seiner Gestaltung die allermeisten Menschen in unserem Land nicht anspricht. Deshalb ist einfachkirche eine milieusensible Kirche. Dafür nehmen wir in Kauf, dass es nicht den einen Gottesdienst gibt, den wir alle gemeinsam feiern. Das holen wir dann im Himmel nach. Soviel Zeit muss wohl sein.

Einfachkirche reagiert auf die Relevanzkrise der Kirche?

Kirche steckt in einer Relevanzkrise. Die führt zu einer Mitgliederkrise. Und die letztlich zu einer Finanzkrise. Was tun? Nicht auf Finanz- oder Mitgliederkrise reagieren, sondern dem „Übel" an die Wurzel gehen. Was das heißt? Wir gießen aktuell unsere großartige Botschaft in alte Formen, die keiner mehr kauft. Stell dir vor, Netflix hätte House of Cards produziert, aber es nur als VHS-Kassette rausgebracht. Eine tolle Serie, in einer Form, die heute eigentlich keiner mehr nutzt. So sind wir als Kirche gerade gerne unterwegs. Deshalb: Ich glaube, dass wir als Kirche von Netflix eines lernen könnten: Inhalt wird nicht deshalb schlecht, weil man sich an den Gewohnheiten der Menschen orientiert. Wir denken als Kirche oft, dass der Film schlechter würde, nur weil er nun gestreamt wird. Und nicht mehr per VHS zu den Menschen kommt. Aber der Film bleibt gleich. Nur das Mittel zum Anschauen hat sich geändert.

Es wird Zeit, dass wir als Kirche etwas netflixiger werden. Es wird Zeit, dass wir den Menschen unsere Botschaft nicht länger fahrlässig vorenthalten. Unser Inhalt braucht neue Formen. Schluss mit Kirche in VHS-Form. Und wenn du nicht weißt, was eine VHS ist – dann weißt du jetzt, wie es genug Menschen da draußen mit der Kirche geht.

Mehr ist Mehr?

Wie kann ich das mit der einfachkirche gut zusammenfassen? Vielleicht so: *einfachkirche* geht raus und versucht die Kirchen zu füllen, weil es zum Wesen der Kirche gehört, genau danach zu streben. Und *einfachkirche* ist dabei frei in ihrer, weil es keine heiligen Formen von Kirche gibt, die es zu bewahren oder zu beschützen gälte. Und ich bin davon überzeugt: Es muss Schluss sein mit dem Schönreden. Weniger ist nicht mehr. Mehr ist mehr. Mehr ist besser und mehr ist richtig. Wir brauchen wieder volle Kirchen. Wir dürfen nicht länger leere Kirchen akzeptieren: „Lauf schnell hinaus auf die Straßen und Gassen der Stadt. Bring die

Armen, Verkrüppelten, Blinden und Gelähmten hierher"
(Lukas 14,21).

Keine tote Kirche eines lebendigen Gottes?

So, das war mein Versuch zusammenzufassen, was ich in den
letzten Jahren so über die einfachkirche geschrieben habe.
Jetzt kommst du: Was sind deine Gedanken dazu? Wo bist
du mit mir? Wo hast du Einwände? Wo stört dich etwas? Ich
freue mich auf deine Meinung! Und zum Schluss nochmal
was Provokantes: Ich glaube: wer sich gegen neue Formen
von Kirche stemmt, der ist gegen das gesunde Fortbestehen
der Kirche. Neue Formen von Kirche heißt nicht, dass wir
teures (altes) Gut aufgeben. Sondern: neue Formen von
Kirche suchen ist das kirchlichste, was Kirche eigentlich tun
kann. Denn wir haben einen Gott des Lebens. Unser Gott
lebt. Es wird Zeit, dass wir auch als Kirche wieder am Leben
teilnehmen.